〜値上げに罪悪感がある経営者へ贈る〜

吉田由佳
Yuka Yoshida

Branding with 40% price increase
Embracing the Identity of
a Small Company

「4割値上げ」で始まる小さな会社の "らしさ" ブランディング

同友館

はじめに

覚悟の「4割値上げ」で、価値に見合う会社にする

- ☑ そこそこ売れているのに、なぜかお金が手元に残らない
- ☑ 自分や商品に自信が無くて、ついつい安売りしてしまう
- ☑ 長時間労働しているのに儲からず、仕事をしていて苦しい

これらに当てはまると感じた方は、どうかこの本を読んでください。

　この本は、「まずは覚悟を決めて4割値上げし、そこからその値にふさわしいイメージを築き上げましょう」という、これまでのブランディングの流れとは真逆の手法を取る本です。多くの本には、ブランディングに成功すれば、会社の価値が上がるから値上げできるようになると主張されています。しかし、それは幻想です。ほとんどの経営者が「罪悪感」に苛まれ、結局のところ値上げができないのです。

　私はブランドビジネスコンサルタントとして、製造業、卸売業、小売業、サービス業500社以上の会社の経営改善のお手伝いをしてきました。コンサルティングを長年続ける中で、ブランディングに成功しても、良い商品を開発しても、商品をたくさん売っても、利益が出ず、苦しみから解放されない経営者を多く見てきました。「頻繁にテレビや雑誌で特集されている」「知人友人から商品をプレゼントしてもらったことがある」「私自身も商品のユーザーでブラ

ンドのファンである」など、表面的にはブランディングに成功していると思われる企業でも、内部の状況を見ると財務状況が非常に悪く、瀕死の状態に陥り経営者が苦しんでいるのです。また、売上は多くても利益がほとんど出ておらず、経営者も従業員も馬車馬のように休みなく働いて疲れ切っているのに給与が低い。たくさんのブランドの構築支援をする中で、商品がたくさん売れるようになったのに苦しくなる経営者を見てきた私は「ブランディングに成功すると幸せになるって、本当だろうか？」と、教科書通りのブランディングに違和感を覚えるようになりました。むしろ順序を逆にして、ブランディングを頑張るよりも先に大幅値上げをして利益が残る経営体制を整えてからブランディングをすべきではないかと思うようになりました。そして、2018年頃から、とにかく商品を4割値上げてみてはどうかと、信頼関係をすでに築いていた会社を中心に提案し始めました。私は、コンサルタントとして独立する前に海外の高級消費財を企画販売する仕事をしていたため、日本の小さな会社が販売する商品は安すぎると、常日頃から思っていたのです。しかし、信頼関係があるとはいえ、4割値上げを提案すると、決まって経営者は強い拒否反応を示しました。

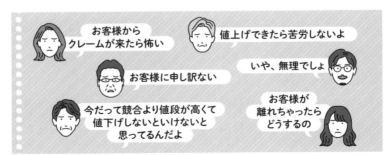

商品開発や販売促進などの支援を続けながらもなかなか利益が出ない経営者に、諦めずに何度も値上げを提案し続けたところ、「吉田さんがそんなに言うならやってみる」と、覚悟を決めてついてきてくれる経営者が増えてきていました。

　思いきって4割値上げを実行した商品やサービスが売れたとき、経営者や従業員の目つき顔つきが自信に満ちたものに変わる瞬間が私は大好きです。新商品が売れたときや、社員が採用できたときなど、会社に伴走するコンサルタントとして、クライアントの嬉しい場面に立ち会うことも多々ありますが、値上げした価格がお客様に受け入れられた時の表情はまったく違います。高くした価格帯で売れたとき、自らの価値が上がったように感じるのでしょうか。転職したときに新しい会社から大幅な年収UPを提示されたときの、「認められた！」「評価された！」というような感じでしょうか。日本の平均年収である年収300万円の方が、現在の年収から4割増えた年収560万円払うからと引き抜きの打診を受けたとき、きっと同じような表情になるのではないでしょうか。

　値上げやブランディングは手段に過ぎません。経営者や従業員が仕事にやりがいを感じ、自信を持ち、幸せそして自由になることこそが、この本の最終目的です。

　もちろん、4割値上げと言っても、ただ単に4割値上げるだけではなく、値上げた価値に見合うような会社になることも同時に進めていきます。それがこの本で提唱している、「"らしさ"ブランディ

ング」です。他社の成功事例を真似るのではなく、この本のワーク
を通じて、あなた"らしさ"を見つけ、あなたにしかできない「ブラン
ディング」が実現できると、4割値上げてもしっかりと商品・サービ
スが売れるようになります。また、「"らしさ"ブランディング」をベー
スとして、経営者や従業員が「エンターテイナー」になることで、お
客様を楽しませて満足させることができます。

　エンターテイメントというと、ディズニーランドやユニバーサルス
タジオを思い浮かべる方が多いのではないでしょうか。「小さな会
社がディズニーランドみたいにはなれないよ」と、感じるのはごもっ
ともです。そこで本書では、ワークを進めながら、あなたらしい、あ
なただからできるエンターテイメントを探していきます。

　また、「値上げは1、2割じゃダメなのか」という問いを、経営者
からよく受けます。多くのコンサルティング経験を積んだ立場から、
「4割以上じゃなきゃダメです」とお答えてしています。

　会社の決算書を見ると、本業が儲かっていない営業赤字の会社
が多い。売上の2割近い営業赤字を出している会社も多い。私の
提案している4割値上げで、2割は赤字補填、残りの2割で利益を
確保しにいくイメージです。また、4割値上げしていることで、昨今
の原材料、人件費、輸送費などの値上げにも耐えうる経営構造と
なります。

　この本は、ただ読み進める（インプット）だけではなく、頭と手を
動かしてワークシートを埋めていく（アウトプット）を大切にしてい
ます。小さな会社に訪問すると、経営者の頭の中にはアイデアが

詰まっていますが、それを吐き出して、整理することができていません。アウトプットすることで、頭の中が整理され、行動に移しやすくなります。現場でコンサルティングを終えると、「あー、頭の中がスッキリして、やるべきことも明確になって心も軽くなった！」と言っていただけることが多いです。是非この本のワークを通じて、スッキリ軽くなる快感を得てください。

パリコレの舞台から\n商店街の舞台へ

　ここで、私の自己紹介をさせてください。私は経営コンサルタント唯一の国家資格である中小企業診断士を有するブランドビジネスコンサルタントです。

　モノづくりが大好きだった私は、服飾系の大学と専門学校をダブルスクールで通い、服作りを夢中で学びました。就職氷河期だったこともあり、大学卒業後に国内では希望する職には就けないと判断し、幼い頃から憧れていたフランスに留学しようと決意しました。大学と専門学校の合間に、フランス語学校に通い、フランス大使館員も来店するフランス料理店でアルバイトし、図書館のビデオライブラリーでフランス映画を片っ端から見て、日本に居ながら、フランス漬けの生活をしていました。私は絶対に留学を成功させたいという思いがありました。小心者で石橋を叩いて渡らないと不安だったため、万全の渡仏準備をしてから留学しましたが、いざパリの学校に入学してみると、語学や技術がなくても気軽に世界中から留学する生徒が多くて拍子抜けしました。しかしながら、土台づくりを

007

してからの留学した甲斐があり、技術が飛躍的に伸び、常にトップの成績を残すことができ、モデリスト（洋服の型紙を作る職人）のフランス国家資格を取得しました。ちょうど滞在中にEU（欧州連合）が始まり、ヨーロッパが一つの連合体となったことで、私の取得したフランスの国家資格が、国をまたいでベルギーでも労働許可書をスムーズに得られる強力な武器となりました。私の通っていたパリの専門学校は1830年創立の歴史あるモデリスト養成学校ですが、日本人の私が初めてフランス以外でフランスの国家資格を活かしてEU内で労働許可書を得た第一号の学生となりました。EUが始まったことで、フランスのお店でフランスの通貨であるフランスフランを支払うと、ユーロでお釣りが返ってきて、段々お財布の中がユーロになっていく貴重な体験をしたのも良い思い出です。その後、学生時代から一番憧れていた、ベルギーで最大手のアパレル会社に現地就職することができ、ベルギーに移住しました。

　ベルギーのアパレル会社では、年に4回開かれるパリコレクションに出品する婦人服と紳士服の型紙づくりや、サンプル縫製、量産品の検品などの仕事をしていました。15か国以上の国籍の同僚と一緒に働き、のちに私の最大の強みとなる、世界精鋭のクリエーターたちと鍛えた美意識、感性を身に着けることができました。半年間チームで必死に仕上げた服を、3日前にベルギーからパリまでトラックで運び、前日の夜中まで、ショーに出るモデルの体型に合わせてサンプルを修正します。そして、パリコレのランウェイで、たった10分のショーに凝縮して世界中のメディアやバイヤーへ向けて作品を発表するのです。無事にショーが終わると、チームで涙を流しながら抱き合い、シャンパンを片手にお互いを労う、まさにエ

ンターテイメントに触れる日々を過ごしました。

　2006年、年末の週末に、いつものように仲の良いイギリス人デザイナーの同僚2人と一緒に映画「プラダを着た悪魔」を映画館に見に行きました。オシャレにまったく興味が無く、ダサい女性（アン・ハサウェイ）が、一流ファッション誌の出版社に入社して、カリスマ編集長（メリル・ストリープ）にしごかれて成長していく大ヒット映画です。アン・ハサウェイはオシャレに変身し、完璧な仕事をこなすまでに成長しますが、最後には本当に自分がしたい仕事を見つけて新たな道に歩みだす…というストーリーです。映画が終わって、エンドスクロールが始まると、周りの人たちは映画館から次々と出ていきますが、我々3人は座ったまま、エンドロールが終わるまで立ち上がることができません。そして、映画館を出て、レストランに到着するまで、3人は無言でした。自分たちと映画の状況が重なり過ぎて、ショックで言葉を失っていたからです。有名ブランドで働いているからと周りに特別扱いをしてもらえ、チヤホヤされる生活に疑問を感じるようになっていたタイミングで、私はこの映画に出会ってしまいました。「有名なのはデザイナーが苦労して作り上げたブランドであって、私ではない。私自身が、私"らしさ"を評価してもらえる人間になって、地に足がついた仕事をしたい」と強く思うようになりました。20代は夢のような生活ができたから海外生活はもう十分だと感じ、30歳を目前にして、日本の就職先を決めて帰国しました。

　帰国後は、仕事の幅を広げていこうと、洋服づくりだけではなく、MD（マーチャンダイザー）の仕事を始めました。少人数のチームだったので、企画、パターンづくり、商品管理、海外折衝、営業、催事販売、店舗応援など、仕事の内容が盛りだくさんです。

しかし、海外のものづくりしか知らない私が、日本のビジネスで通用するはずがありません。朝礼で「売上高！ 粗利！ 営業利益！目標を立てて達成だ！」と言われても、そもそも言葉の意味もわかりません。途方に暮れて、会社の経理していた母に相談したところ、「簿記を取ればいいのよ」と言われました。正直、簿記が何かもよくわからないまま簿記を申し込みに予備校に行きました。受付で待っていると、簿記の隣に中小企業診断士のパンフレットを見つけました。「これは何ですか？」と受付の方に聞くと、「ビジネスを体系的に学べる国家資格ですよ」と言われて、「じゃあ、やっぱり簿記やめて中小企業診断士にします！」と、思い立ったら決断して行動するクセが出てしまい、その場で30万円をATMからおろしてお金を払って帰ってきました。ところがどっこい、これまでの人生においてろくに勉強したことが無いので予備校の授業についていける訳がありません。予備校での勉強を開始してから、2か月で会社を辞めて、勉強に専念し、予備校の自習室で1日12時間以上勉強する日々を過ごしました。財務がサッパリわからず、結局簿記も2級まで取得しました。2年かけて中小企業診断士の国家資格を取得し、経営コンサルタントとして独立しました。

　このような経験を周りの方々にお話しすると、実家がファッション系だったのか、幼少期から海外に行っていたのではないかなど聞かれます。まったくそのような要素はなく、私の実家は千葉県の小さな文房具店で、私は大学生までパスポートも持っていませんでした。子供の頃から実家の店番をして商売に親しんでいた一方で、毎月、月末の資金繰りに苦しむ母の姿が脳裏に焼き付いています。服作りをしていた時にはまったく予想していなかった経営コンサル

タントになったのも、家業の影響があるのではないかと、今では思っています。

　コンサルタントとなってからは、商店街などにある小さな会社を多く支援する仕事が増えました。経営者や従業員の方々の悩み、苦しみ、躓きに寄り添いながら500社以上を支援する経験を得ることができました。小さな会社にコンサルティングに行くと、「難しいことを、難しいまま偉そうに伝えてくるコンサルは世の中にたくさんいるけど、吉田さんは我々のような学の無い人にもわかるように難しいことを噛み砕いてわかりやすく伝えてくれる、やっと理解できた、すごく助かる」「吉田さんは本気で向き合ってくれて、いつも言いづらいこともズバッと言ってくれるから迷いが吹っ切れる」と、言っていただく機会が多く、これが私の強みだと思っています。

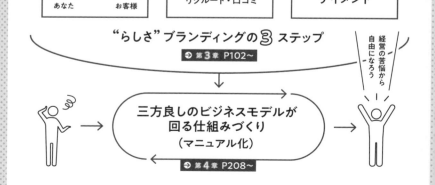

目次

はじめに

覚悟の「4割値上げ」で、価値に見合う会社にする………003
パリコレの舞台から商店街の舞台へ………007

万人ウケをやめる
~理想のお客様像を見える化しよう~

- ◎ 小さな会社こそ大切なお客様を切り捨てる覚悟を…………020
- ◎ 良い客層は、経営者と従業員の心を落ち着かせる…………021
- ◎ あなたの商品は生活必需品ではない…………022
- ◎ 消費者も罪悪感と戦っている…………023
- ◎「共感・感動・応援」が財布の紐をゆるませる…………025
- ◎「モノ売り」からの脱却 ─ 時代に合わない「安売り」をやめよう…………026
- ◎ お客様は思考停止している…………029
- ◎ お客様は何が欲しいのか自分でわかっていない…………030
- ◎ タイパ（タイムパフォーマンス）時代の到来…………031
- ◎ 主戦場はスマホの中…………036
- ◎ 老若男女映え命時代…………038
- ◎ あなたよりお客様のほうがお金持ち…………041
- ◎ 理想のお客様イメージを見える化しよう…………042

ワーク 理想のお客様設定（言語化）…………046

ワーク 理想のお客様設定（画像イメージ化）…………050

第2章 「NO罪悪感」で4割値上げする
~頑張りすぎないゴールを設定しよう~

目次

◎ あなたは「あなたらしく」生きられていますか …………………… 054

◎ 「3つの勇気」を持てる経営者は強い ……………………………… 059

◎ 過剰お・も・て・な・しが、会社をダメにする ………………………… 060

◎ なぜ値上げに罪悪感がつきまとうのか ……………………………… 061

◎ 値上げに謝罪はいらない ……………………………………………… 063

◎ 値上げたら、絶対に値下げない ……………………………………… 064

◎ 身内抵抗勢力が経営を苦しくする …………………………………… 065

◎ あなたが4割値上げしないと本当に困るのはお客様 ……… 067

◎ ラーメン「1,000円の壁」は日本だけ ………………………………… 071

◎ 海を越えれば高級品、海を越えなくても高級品に ……………… 072

◎ 小さな企業が生き残るマーケットは必ずある ……………… 073

◎ 目指せ「食べるラー油」 ……………………………………………… 074

◎ 売上主義から利益主義へ …………………………………………… 075

◎ 人や環境に負荷をかける会社は生き残れない ……………… 076

◎ 42.195kmを超えても終わらないマラソンは地獄 …………… 077

◎ 蒔かない種は出ない ………………………………………………… 081

◎ 原価計算は無視！とにかく4割値上げてみる …………… 082

◎ 消費者は商品をイメージで購入する ………………………………… 084

◎ チマチマ値上げは嫌われる ………………………………………… 088

◎ 誰もあなたを見ていない …………………………………………… 088

◎ 380円がダメで490円がOKな理由 ………………………………… 089

◎ ギフト（プレゼント）にすると金銭感覚が鈍る ………………… 090

◎ トイレ用洗剤は、キッチンで使われない ………………………… 092

014

| ワーク | あなたらしく生きるためのゴール（経営者の定性目標）……… 094 |

| ワーク | 頑張りすぎないためにゴール（売上目標）を決めよう
……………… 096
（会社と経営者の定量目標） |

| ワーク | どんな従業員に育ってほしいかゴールを決めよう
……………… 098
（従業員の定性・定量目標） |

第3章 "らしさ"ブランディングが価値を引き上げる
～3つのステップでブランドがあなたらしく輝きだす～

◎ 4割値上げに見合うビジネスは
　 "らしさ"ブランディングで実現する ………………………… 102

◎ ブランディングとは何か ……………………………………… 102

◎「"らしさ"ブランディング」を叶える3ステップ ………… 104

| ステップ❶ | 棚 卸 | 経営に「あなたらしさ」を取り戻す！ |

◎ あなたの歴史や思いからビジネスが生まれる ……………… 107

◎ あなたらしさは「きかんしゃトーマス」に学べ！ ………… 108

◎ 特別な何かにならなくていい、武器はあなたらしさ ……… 109

◎ あなたのことは、あなたの周りに聞こう …………………… 110

| ワーク | あなたらしさを見つける6つのワーク ………………… 113 |
①山あり谷ありグラフ　②山あり谷ありシート　③性格特徴グラフ
④あなたの価値感シート　⑤能力×意欲シート　⑥あなたのタイムライン

| ワーク | あなたらしさを進化させるワーク ……………………… 132 |
①あなた×お客様の共感、感動、応援　②あなた×お客様のメリット

◎ 小さな会社は「強み」で勝負する ··· 136

ワーク あなたの会社の強み分析 ··· 138

ステップ❷ トリセツ **タイパ時代に対応！最短で理解できる"らしさ"のまとめ方** ···· 140

◎ トリセツとは何か ··· 140

◎ 「いいね！コンプレックス」が人生を変えた ···························· 142

ワーク 社内トリセツ「コンセプトワーク」〜揺るがない軸を決める〜 ··· 146

ワーク トリセツチェックシート ··· 151

ステップ❸ 発 信 **"らしさ"を超えるエンターテイメントを！タッチポイントの仕掛けづくり** ··· 180

◎ タッチポイント（顧客接点）に「トリセツ」と「エンターテイメント」を仕掛ける ··············· 180

◎ ディズニーにならなくていい！ 小さな会社流エンターテイメントとは？·· 181

◎ 自転車と米の出会いで新たなエンターテイメントが生まれた ··· 184

◎ エンターテイメントはプロ仮面を被ればできる ····················· 186

◎ 商いは飽きとの闘い ··· 186

◎ 「それはやったことがあるけどダメだった」は禁句 ················ 189

ワーク あなた"らしい"伝えかたを考えよう ························· 190

◎ ブランディングに成功すれば幸せになれるのか ················· 195

◎ ブランディングは急がば回れ ··· 200

◎ ブランディングは丸投げ禁止 ··· 201

◎ マルチブランド戦略は危険 ··· 203

第4章 三方良し（自社・顧客・取引先）の ビジネスモデルを「仕組み化」する
～経営の苦悩から自由になろう～

- ◎ 経営者を苦しみから放つ「仕組み化」……………………………… 208
- ◎ つまずきポイントを見つける……………………………………… 210
- ◎ ビジネスはライフサイクルに影響を受けている………………… 212
- ◎ あなたのクローンはいない………………………………………… 212
- ◎ とび箱は練習しないと飛べるようにならない…………………… 213
- ◎ かかりつけ医は脳外科手術ができない…………………………… 214
- ◎ 副業は小さい会社の人手不足の切り札になる…………………… 215
- ◎ あなたに染みついている「常識」はもう存在しない…………… 216
- ◎「三方良し」の順番を考える……………………………………… 217
- ◎ 雑な仕組みは犯罪者も生み出す…………………………………… 221
- ◎ 仕組み化は最低3年かかる………………………………………… 222
- ◎「当たり前のことを当たり前にやる」のが一番難しい………… 223
- ◎ 守破離（しゅはり）を徹底する…………………………………… 225
- ◎ マニュアルは8割守れればいい…………………………………… 227
- ◎ マニュアルが実行されないのには理由がある…………………… 228

- ワーク　マニュアル化のベースづくり ～業務のタイムフロー～ …… 230

- ワーク　作業のマニュアル化 …………………………………… 234

おわりに
「先回り」「思いやり」「至れり尽くせり」で、
ビジネスを切り開く ……………………………… 239

第1章

万人ウケを
やめる

～理想のお客様像を見える化しよう～

小さな会社こそ
大切なお客様を切り捨てる覚悟を

消費者の金銭タイプを2つに分けると、次のようになります。
① 「お金に余裕がある人または消費に活発な人」
② 「お金に余裕がない人または消費に消極的な人」

　小さな会社がターゲットにするべきなのは、①の「お金に余裕がある人または消費に活発的な人」です。お客様を切り捨てるというと、人を差別、区別しているように聞こえますが、そのような意図はありません。小さな会社の商品は生活必需品ではありません。どんなに頑張っても、大企業には価格で勝てません。小さな会社では、お客様に申し訳ないと、利益を削った安売りをして、十分な給与や休暇を与えず、家族や従業員に苦しい思いをさせている場面によく出会います。小さな会社はボランティア会社ではありません。経営者や従業員、またその家族を幸せにするために値上げし、値上げした価格に対して納得して購入してくれる「お金に余裕がある人または消費に活発的な人」をお客様として大切にしていく必要があります。

　②の「お金に余裕がない人または消費に消極的な人」を小さな会社が満足させ、また家族や従業員も幸せにすることは極めて困難です。「お金に余裕がない人または消費に消極的な人」には、大企業が競争して作り上げた高品質で安価な商品を購入してもらい、小さな会社はその戦場に足を踏み入れないことが大切です。

良い客層は、経営者と従業員の心を落ち着かせる

「客層が良くなった」
「無理な要求をしてこない」
「クレームが少なくなった」

　4割値上げをしたクライアントからたびたび聞く言葉です。「お金に余裕がある人または消費に活発な人」は、価格訴求ではなく価値訴求で得られたお客様です。価値訴求で得られたお客様の傾向として、理不尽なクレームをつけてこない、値引き交渉をしてこない、ヒトやモノを大切にする、などがあります。また、豊かな人脈を持っている方も多く、同じような価値観を持つ友人を紹介してくれます。経営者や従業員とお客様とのトラブルが少なくなり、円滑なコミュニケーションが取れるようになると、自然と経営者と従業員の心が落ち着き、より良いサービスが提供できるようになり、会社の雰囲気が良くなるという良いスパイラルが回り始めます。

　酒屋の店主のAさんは旅行が趣味で、日本中の酒蔵や陶芸の窯元を回っています。美味しい日本酒と美しい陶芸が合わさった時の感動を一人でも多くのお客様に体験してほしいと、こだわりの日本酒飲み比べの試飲イベントを開きました。

　1つ目のコースは1万円で、陶芸作家がつくったぐい呑みを選んでお酒を楽しむもの。2つ目のコースは、価格が高すぎてお客様が

集まらないかもしれないと不安になって急遽設けた5千円の安価な
コースで、自前のぐい呑みを持参してもらって、お酒を楽しむもの
です。予想に反して、1万円のコースは申し込み多数で、8割の席
が1万円のコースで埋まりました。

　当日、1万円のコースは、女性一人での参加も多く、店員にお酒
や陶器に関する質問をし、周りの参加者と雑談を交わして楽しい
時間を過ごしていました。また、イベント終了後は、お酒や陶器を
お土産に買って帰りました。一方、5千円のコースは、1人で参加し
ている女性に絡んだり、大きな声を出したりして場の雰囲気を乱し
ました。また、イベント終了後はまったく何も購入せず帰りました。
店主のAさんは、私に、「いつも価格を高くしなさいと吉田さんに言
われている理由が心底理解できました」と言っていました。

あなたの商品は
生活必需品ではない

　小さな会社が販売する商品のほとんどは、生活必需品ではあり
ません。砂糖や塩を販売している会社であっても、産地や原料にこ
だわりがある商品がほとんどで、価格は大企業が販売しているもの
より高いはずです。小さな会社はスケールメリットが出せないため、
大企業と価格で張り合うことはできません。もし、大企業に価格で
張り合っているとしたら、多くは利益がほぼ無い苦しい経営をして
いるはずです。「商品を安く売らないとお客さんに申し訳ない」と、
多くの小さな会社の経営者が言いますが、残念ながら、多くの小さ
な会社の商品は、今日明日その商品が無くても多少不便になる程

度で、お客様が生活に困ることはほとんどありません。

それにも関わらず、「お客様に申し訳ない」「お客様に迷惑がかかる」「安くないとお客様が離れてしまう」と安売りを止められず、利益がほとんど無い経営を続けています。お客様には申し訳なく思うのに、会社を支えるために低賃金で働いてくれている家族や従業員、商品を安く供給させられている取引先には申し訳ないと思っていない経営者が多いのです。

経営者はお客様だけを見るのではなく、社会全体の利益を追求する、「売り手よし」「買い手よし」「世間よし」でおなじみの近江商人の「三方良し」を目指したいものです。

消費者も罪悪感と戦っている

「痩せたら履こうと買ったけど、
　永遠に痩せられずにタグも外していないズボン」

「旅行先で面白そうだと買って、
　一度も封を開けていない調味料」

「お掃除のときに使ってみようと買って、
　一度も使っていない便利グッズ」

あなたのお家に、このような死蔵されている商品はありませんか?

あなたはこのような商品をタンスや冷蔵庫、物置きで見かけるたび、どんな気持ちになりますか?

「いい買い物をしたなぁ」「いつか使おうとワクワクする」「早く試してみたい」と思っているでしょうか。それよりも「はぁ〜、また無駄遣いをしてしまった」「ゴミに捨てるはもったいないな」「フリマアプリで売るのは面倒だ」と、思っているのではないでしょうか。

あなただけではなく、あなたのお客様も同じ経験をしているはずです。

戦後日本の高度成長期は必要物資の供給が足りず、作って売ればモノが売れました。ただ今は、モノが家に溢れかえっています。そこにまた、必要ではないものを買い足すことに消費者は罪悪感を覚えます。

とくに近年は、SDGsのように、持続可能な世の中を目指す風潮があり、「無駄遣いをすること」「ゴミを増やすこと」などに対して、消費者は敏感になっています。数年に一度、片付けをするビジネストレンドも生まれています。店頭での接客の様子を見ていると、商品を紹介したときに「もう持ってるのよね〜、使ってないものも沢山あるのよね〜」とお客様が商品を購入するのをためらう様子を頻繁に見かけます。ただ、そうはいっても小さな会社は経営を続けるために、消費者にお金を払ってもらって、モノやサービスを買ってもらわなければなりません。

「共感・感動・応援」が
財布の紐をゆるませる

> 「この会社は元気があるなぁ」
> 「この会社は業績が伸びているなぁ」
> 「熱狂的なファンがいる会社だなぁ」

　私が500社以上を訪問する中で、他社とは圧倒的に違うパワーを感じる会社があります。これらの会社には共通点があります。それは「共感・感動・応援」をお客様から得られていることです。単なるお金と商品サービスの交換ではなく、お客様の感情を揺さぶるストーリーをくっつけて、商品サービスを提供しています。

　「共感・感動・応援」は、消費者の罪悪感を払拭できる強力なキーワードです。消費者は一生懸命働いたお金を使って楽しいことを経験し、ストレス発散にお金を使いたいと思っています。そんな時に、消費者は罪悪感無くお金を使う言い訳を求めています。「共感・感動・応援」の言い訳は、購買を迷う消費者の背中をそっと押してくれます。「共感・感動・応援」が売り場などのお客様接点で生まれたとき、お客様から「わ〜、へ〜」という感嘆の言葉が漏れます。この「わ〜、へ〜」のサインを絶対に聞き逃さないでください。この言葉が出たときに、一気に財布の紐が緩むのです。

　住宅メーカーの営業をしていたBさんは、阪神大震災で、自らが手掛けた住宅の多くが被災しているのを目の当たりにしました。そ

の後、Bさんは上京、独立し、現在は震災に強いコンクリート住宅を販売しています。Bさんは、自らの経験を赤裸々に語った上で、コンクリート住宅の見た目のカッコ良さだけではなく、命を守る強靭な住宅の重要性について、HPやブログなどで発信を続けています。この会社に住宅を注文しにくるお客様は大手デベロッパーとの相見積を天秤にかけてきません。お客様は、BさんのHPやブログなどを読み込み、命を守るための住宅について深く理解してくるからです。Bさんは、お客様からの「共感・感動・応援」を来店前に得られているため、無理な値引きをすることなく、建設部材の品質を担保することができます。より安全で安心な住宅を供給することで、お客様との強固な信頼関係を構築することができています。

「モノ売り」からの脱却 ─ 時代に合わない「安売り」をやめよう

「良いものは売れる」
「価格が安ければ売れる」
「たくさん売れたら儲かる」

　これらは、消費者の気持ちを最重要視していない「モノ売り」の売り方です。売り手から買い手に商品が流れていく、一方通行の売り方です。また、購入後の顧客ケアも少なく、売りっぱなしです。
　第二次世界大戦後、焼け野原から復興してきた日本では、とにかく必要なものが足りなかったため、作れば売れる時代を経験して

きました。そのような時代の中で日本人は、人々が必要とするものを大量にかつ安定的に供給することをがむしゃらに働いて実現してきました。2024年現在、団塊の世代と言われる75歳あたりの年齢になっている経営者の方々は、その働き方、生き方で経営を切り抜けることができました。

そして現在、経営の中心となっている団塊ジュニア世代50歳あたりの経営者は、作れば飛ぶように売れる、バブルの世界も経験してきた団塊の世代から教育を受けて育ってきた方々です。団塊ジュニア世代の経営者は、激しい外部環境の変化に自分の会社がついていけていないと感じながらも、良い時代も経験しているため、自社が変革するのではなく「また売れる時代にならないかなぁ」と、外部環境が変わることを期待しながら経営を続けています。

経営者の年齢が65歳以上で、あと数年頑張れば事業をやめたいという方には、「モノ売り」スタイルをそのまま続けていただいています。65歳未満または、後継者がいる方、今後10年以上は経営を続けていきたいという方には、脱「モノ売り」経営をお勧めしています。

国内人口は、終戦の1945年から増え続けたものの、戦後人口が伸びたカーブと同じ角度で、2004年をピークに2024年現在も、人口が減り続けています。物理的に人口が減少して、マーケットが縮小したことに加え、日本人の生活や意識の変化からも消費行動が変化しています。新たな市場のトレンドに合わせたビジネスを展開していく必要があります。

「モノ売り」の対極にあるのが「"らしさ"ブランディング」の売り方です。「"らしさ"ブランディング」は、お客様に共感・感動・応援を巻き起こし、幸せやメリットを提供し、お客様を笑顔にした結

果、自然に商品が売れてしまう売り方です。売り手と買い手に双方向コミュニケーションが生じる売り方です。商品は売りっぱなしではなく、顧客からのフィードバックにより、日々商品・サービスのクオリティを上げていきます。

これまで会社経営はさまざまなものを犠牲にして成り立ってきました。人を使い捨てし、大量のごみを出して環境を破壊してきました。世界的に2000年頃から、CSR（会社の社会的責任）を求める世の中となりました。会社が法令順守しているか、人権や環境に配慮しているかなど、会社の経営姿勢も社内外に開示していくことが求められる時代になってきています。残念ながら、安売りされている商品は、社内の経営努力だけでは安売りは実現できず、生産者や外注先など社内外の何らかの犠牲のもとに成り立っている場合がほとんどです。

人間が心にゆとりのある人間らしい生活（十分な食事、睡眠、余暇があるなど）を送るには、お金と時間が必要です。また、家庭を持つ、子供を育てていく、介護をしていく環境を実現するためには、更にお金と時間が必要となります。より多くの人が心や体にゆとりのある生活を実現するために、個々の会社が安売りの価格競争をやめていくことが社会の良い循環づくりのためにも必要です。

私は日々、4割値上げは「値上げ」ではなく、「適正価格」にしているだけだと、重ねて経営者に伝えています。あなたの今までの販売価格は、「安すぎる売り」だっただけです。朝から晩まで働いているのに利益が出ない商売は、「安すぎる売り」です。

お客様は思考停止している

　日々IT化が進み、生活が便利になったことで人間が弱くなったものの一つに創造力があると感じています。便利になればなるほど、身の回りの情報で溢れかえり、たくさんの選択に迫られて、人々は疲れ切って自らが考えて創造することをやめてしまっています。オンライン上でも、以前は自らが検索して情報を得ていたリサーチ時代から、ただひたすら流れてくる情報に身をゆだねるリコメンド時代に推移しています。

「ドンズバでお願いします」

　私が日本に帰国して仕事をするようになってから、展示会でバイヤーからこの言葉をよく聞くようになり、すぐに覚えました。初めは何を言っているのかわからなかったのですが、「ズバリ、これがいいからお願いします」という意味なんだなと、話している様子から掴みました。「ドンピシャ」と同じく70年代から使われているようですが、「ドンピシャ」は普段から一般社会でつかわれて死語にならなかったようですが、「ドンズバ」は死語になっており、若い人には通じません。しかしながら、展示会や商談では「ドンズバ」が飛び交っています。

　近年、BtoBの展示会で商談していると、バイヤーがサンプル通りのものしか買わなくなってきたのを感じます。「このサンプルは、この素材でも作れますよ」と、素材サンプル帳を見せながら商談しても、「いえ、ドンズバで！」と、冒険しません。一昔前は、バイヤー

の知識や経験は豊富でした。質が高く、美しい素材、面白い素材を見せると、「いいねー！この素材で商品作ったら最高だね！」という会話があり、毎シーズン個性ある商品が市場に流通していました。メーカー側も「そんなアイデアがあったか！」と、刺激を受けて成長しました。しかし、今は、新しいものをキャッチして市場に流通させることを本職としているバイヤーでさえ、創造力が乏しく、時短で、目の前にあるものだけを欲しがります。経験豊富な40代以上のバイヤーは人件費削減の影響でリストラされ、専門知識も経験の少ない若手バイヤーが多くなりました。若手バイヤーはデザインなどの専門的な勉強をしたことがなく、モノづくりの知識も経験もほとんどありません。会社が経営難で資金や人手不足の影響を受けて、社員教育もほとんど行わないで、現場に放り投げているからです。バイヤーはメーカーが提案する商品を「ドンズバ」で受け入れます。その結果、どのお店を見ても同じような商品が溢れかえっています。IT関連市場規模が拡大を続ける一方で、アパレル市場規模は年々規模縮小の一途を辿っています。それは当然です。売場も商品も魅力が無く、面白くないからです。お客様をとことん楽しませようと試行錯誤せず、お客様の期待を裏切ってきた結果です。

お客様は何が欲しいのか 自分でわかっていない

　ある日、カメラ屋の店主Aさんからこんな話を聞きました。

　インターネットで事前に情報を調べて来店されたお客様が、「Cメーカーのカメラを見せてください」と言いました。店頭でお客様

の話を聞いていくと、「上の子供が小学生になって初めての運動会があるので、得意なかけっこを撮ってあげたい」「下の子供の幼稚園のお遊戯会の写真が撮りたい」「一眼レフは初めて買う」とのことです。結果、店主Aさんは、お客様が欲しがっていたCメーカーのDカメラでは、Bさんの撮りたい写真を上手に撮ることは難しいと判断し、より高価ですがお客様の要望が叶うスペックのあるEメーカーのFカメラを薦めました。

　当初の予算を大きく超えるFカメラを購入したお客様は後日、「運動会で子供の写真がとても上手に撮れて嬉しかった」と、感謝の言葉を伝えにわざわざ再来店してくださったそうです。店主Aさん曰く、「お客様は何が本当に欲しいのか、お客様自身はわかっていない」「このお客様が特別なのではなく、ほとんどの来店客がわかっていない」。

　あなたの会社では、お客様の状況や本音を聞きだして、お客様が本当に満足できる商品を提案できているでしょうか。

＼ タイパ（タイムパフォーマンス） ／ 時代の到来

　コスパ（コストパフォーマンス）費用対効果を高くするニーズが浸透し、最近ではタイパ（タイムパフォーマンス）時間対効果を高めたい消費者が増えています。人手不足でマルチタスクを強いられる世の中で、短時間で高い満足度を求める傾向が高まっています。

　最近は、テレビの視聴者が減り、ユーチューブやネットフリックスなどのウェブテレビサービスを利用する人が増えています。特徴

的なのが、倍速で視聴して、要点だけを抑えて、次々の他の動画を視聴する人が増えていることです。世の中、IT技術革新などで便利になってしまったことで、楽になるどころか、心と体が忙しくなってしまっている傾向があります。商売においてもタイパが求められます。

　また、現代社会では、働く女性が増えたことで、多くの女性が苦しんでいます。日本では、長時間労働社会に加え、少子化高齢化による労働人口不足が加速しています。男性の積極的な家事育児参加が進まず、家事育児の負担がまったく減らないのに、仕事が増えて女性たちが疲れ果てています。そんな女性たちに、おうちに届けてくれて、材料が切ってあって、調味料もあえてある、炒めるだけの宅配ミールキットが高価でも人気です。毎日の献立を考えなくていい、買い物に行かなくてもいい、調理が苦手でも美味しい味になるか悩まなくていい。買ってきたお惣菜より、出来立ての味のほうが家族に喜ばれます。また、女性もひと手間加えたことで手作り感がでて、家事をサボっているのではないかという罪悪感が少し減って、気持ちが楽になります。

　BtoBにおいても、タイパを求めるニーズに対応し、成長した会社があります。

　雑貨の卸を営んでいるBさんは、卸売先の開拓で苦労しているとご相談にいらっしゃいました。取引先の多くも社内資源（ヒト・モノ・カネ・情報）が枯渇しています。一方で、効率よく魅力あるブランドを見つけたいと思っているバイヤーは多いものです。忙しくて思考停止しているバイヤーへ向けたタイパ対応策をご提案しました。

1つ目は、「モッタイナイ作戦」を取ること。「こんなに良い商品を知らないなんてモッタイナイ！可哀そうだから何度も紹介してあげよう」の精神で、心折れずに営業アプローチを続けることです。小さな会社は営業力が弱く、新規営業しても「ダメだった」と心が折れてあきらめてしまう営業マンが後を絶ちません。取引先の売場を確保しようと思ったら、すでに店舗に導入されているブランドの商品を追い出すパワーが無い限り、新規ブランドの商品は並びません。また近年、小売店舗が減少の一途を辿っているので、卸売りして並べてもらえる売場面積も激減しています。全体のパイが縮小する中で、小さなパイを取り合いする苦しい戦いです。

　しかし、運よくその枠に滑り込むことができるタイミングがあります。「既存ブランドの売上が芳しくないとき」「既存ブランドの倒産などで商品供給が途絶えたとき」「バイヤーの異動があって売り場づくりの方針が変わったとき」「ニュース性が欲しいとき」「売れているブランドと相性の良い商品を探しているとき」などです。このようなタイミングが取引先で起きていたとき、あなたの諦めない「知らないとモッタイナイから紹介し続けてあげよう」という継続アプローチによって「バイヤーが覚えてくれていた」「ちょうど困っていた時にあなたのアプローチが届いた」という幸運が訪れることがあります。こういった時はバイヤーも困っているときで「連絡をくれていて助かった」と言われるケースもよくあります。バイヤーは自らが動かなくても継続的に情報を得ることで、タイパ良く新規ブランドを導入することができます。

　2つ目は、セールスキットを用意すること。バイヤーに向けて、「あなたのお店に〇〇cmの枠が空いていれば当社ブランドを導入でき

ます」というセールスキットを、松竹梅の3段階で用意します。セールスキットは取引先が思考停止していても勝手に売れるようにお膳立てしたものです。30cm、60cm、90cmなど、売場の幅ごとに、商品を事前にディスプレイしたプレセールスキットを作るのです。「30cmなら隙間に置けそうだ」と開けてくれるかもしれません。また、従来の置き型の什器だけではなく「空いている壁があればハンギング展開もできます」「レジ横の省スペースでも置けます」と、隙間を見つけて売り場を作っていく方法もあります。30cmあれば、当社の商品がいくつ並べることができて、仕入れ額がいくらで、すべて売れると売上がいくらになるのかなど、試算した営業シートも作成します。

　また、30cm、60cm、90cmに合わせた当社独自の名前入りディスプレイ台を用意して提供します。名前入りディスプレイ台を置いてもらえればあなたの縄張りが完成します。あなたの縄張りに他社の商品を並べる会社はほとんどありません。あなただけの売場を確保できるのです。併せて、ポスターやチラシ、パンフレット、パンフレットケースなどもセットにし、仕入れたら見本通り置くだけのセットを作るのです。これは、ドラッグストアで化粧品メーカーがよく行っている手法です。「我が社の商品を仕入れてください」と言われるとバイヤーは「何を仕入れるのか」「いくつ仕入れるのか」「どのように売るのか」と、たくさんのことで頭を悩ませなければなりませんが「〇〇cmいただければ、後は任せてください」と言われたほうが、バイヤーは助かるはずです。

　セールスキットは「歩く営業マン」にもなります。海外ではバイヤーが購買に関する決定権限が一任されているケースが多く、営

業するとその場で導入を決めてもらえるケースが多いのですが、日本は「みんなで決める」「責任を一人で背負いたくない」「ノリではなくて熟考したという議事録を残す」ことを好むので、会議でこねくり返さないと、物事が決定されません。日本のバイヤーは決定権限を持っていないので、営業しても「上司や社長に確認します」「月曜日に会議があるので検討します」と、即決せずに持ち帰ります。昨今はバイヤーが会議のために事前準備する時間が無く、上司にPRする能力も落ちています。バイヤーが上司に説得できない、会議を通過するプレゼンテーションができないことで、あなたの商品は導入まで至らないのです。ここでセールスキットの出番です。バイヤーが上司を説得するための資料が揃っていることで、バイヤーが非常に楽にプレゼンテーションできるのです。セールスキットが「歩く営業マン」となることで、新規ブランドの採用確立がググっと上がります。バイヤーは自らが考えなくても、タイパ良く新規ブランドを導入することができます。

　3つ目は、「富山の置き薬方式」で、定期的なメンテナンスをすること。ブランドを導入してもらうまでは至れり尽くせりするのに、導入してもらったら満足して何もしない「釣った魚には餌をやらない」会社が多すぎます。やっとの想いと努力で導入してもらったブランドも消化率が良くなければ売場から退場させられてしまいます。そこで、「富山の置き薬方式」で、お客様の売場をこちらがメンテナンスするのです。会社が近ければ直接訪問し、売れていない商品があれば従業員に対するセールスの勉強会を実施したり、欠品が無いか確認しに行ったりします。遠方で訪問が難しい場合には、消化状況を確認して、売れるための販売促進アドバイスなどテコ入

れをすることが大切です。お店側も気にかけてくれる会社の商品を
もっと売りたいと思うのが人間の性です。BtoB向けのカート型ECを
整備し、商品をクリックするだけで追加発注ができるようなシステム
を導入しておくことも大切です。バイヤーが最小限の労力で売場の
消化率が上がることで、タイパ良く新規ブランドを導入することが
できます。このようにとことん取引先に楽をさせることによって、あ
なたのブランドに対する信頼度はどんどんと増していきます。

主戦場はスマホの中

「アフターコロナで店舗にお客様に戻ってきてほしい」
「ネットではなくてお客様は現物が欲しいはずだ」
「店舗に直接買いに来てもらえば配送料が
　かからないのでお客様にはメリットがある」

　雑貨店を営むB社長から「コロナで遠のいてしまった客足をなん
とか戻したい」と、ご相談を受けました。私はB社長や従業員の
方々に、「皆さんはこの1カ月の間、街に出てショッピングを楽しみ
ましたか？」と聞いてみました。同席したすべての方が「していな
い」と答えました。私はこの質問を多くの会社で聞いていますが、9
割方、「生活必需品以外の買い物には行ってない」と答えます。特
段、B社長の会社の方々が特別な訳ではありません。世の中の皆さ
ん、ウィンドウショッピングなんてしていないのです。自分もしてい

ないのに、相手にそれをさせようというのはエゴです。

　また、B社長と従業員の方々に「この1カ月間、ネットショップで買い物しましたか？」と尋ねると、同席したすべての方々が「した」と答えました。この質問も他社で聞いてみると、9割以上の方々が1カ月以内に何かしらネットショップで買い物をしています。そして、「この3日間スマートフォンで何かを探すのに検索しましたか？」と聞くと、ほぼ100％スマートフォンを利用しています。実店舗を持っている方々は「せっかく実店舗があるんだからSNSの活用やEC販売は必要ない」と言って、後回しにする傾向が高いです。しかし、お客様はタイパを求めてスマートフォンで買い物を楽しみます。主戦場はタイパが図れるスマートフォンの中なのです。

　店舗に直接買い物に来れば配送料はかかりませんが、移動費や手間がかかります。お客様が往復で1時間かけて買い物にくる手間を、お客様の時給に換算したら、東京都の最低賃金の1,113円はかかります。雑貨を配送するのに1,000円程度で送れると考えると、お客様が来店してお買い物をするコストは、電車賃やガソリン代を足せば、ゆうに宅急便のコストより高くなります。また、「満員電車に乗るに荷物が邪魔になる」「仕事の途中のお昼休みに寄って買い物したから職場に持ち帰りたくない」「仕事の後に子供を迎えに保育園と小学校をハシゴするのに手荷物がいっぱいで買い物したものまで持てない」「大雨で商品が濡れてしまうので持ち歩きたくない」「重いものを運ぶと手も肩も痛くなる」など、お店で買い物した人が配送サービスを活用したいケースもあるはずです。店舗があるから店舗で買う、荷物は当然持ち帰るという固定概念を外して考えることで、お客様に喜んでもらえるより良いサービスが生まれます。

老若男女映え命時代

　スマートフォンに高感度カメラ機能が搭載されたことで、誰でも質の高い写真が撮れるようになりました。また、SNSのアプリで、いつでも誰かに写真や文字情報を共有できるようになりました。

　私は市場調査も兼ねて、グーグルマップで高評価を受けている飲食店を仕事の合間にひたすら訪問しています。お客様から高評価を受けているだけあって、お料理はとても美味しそうに見え、来店客のほとんどが写真を撮ってから食べている光景を見ます。話題のスイーツのお店に訪問すると、3,000円近くするかき氷やパフェを若い女性がひたすら写真を撮っています。学生や20代前半の社会人が支払うには高価だと感じますが、映えのためなら生活費の優先順位が変わるようです。

　「映え時代」の時流に乗り、働き方改革をしたパン屋があります。

　ご夫婦でパン屋を経営していたAさんは、40歳を超えて子供ができたことをきっかけに、働き方の限界を感じていました。パン屋は朝3時に起きて、4時に出勤して仕込みを始めます。保育園が開いている時間しか子供を預けることができないため、仕込みを旦那さん一人でするようになり、負担が増えていました。パン屋は何十種類ものパンをひたすら仕込んで焼き続けるため、体の負担が非常に大きく、そのうえ天気が悪ければ来店客が激減し、パンを廃棄せざるを得ないことも多々ありました。また、小麦粉、バター、卵など、ほとんどの原材料も高騰し、利益が削られていきました。

そんな中で、Aさんはパン屋から焼菓子店へと業態転換する大きな決断を下しました。「焼菓子店に業態転換するにあたって、どのような工夫が必要かアドバイスしてほしい」とのご相談に、私は3つのアドバイスをしました。

1つ目は、「映え」を意識した商品を作り、SNSで発信すること。焼菓子はどれも茶色で映えません。焼菓子は「映え」を意識して、ナッツ、ドライフルーツ、チョコレートなどのトッピングを施し、ボリューム満点でカラフルに仕上げます。パッケージもカラフルで可愛いものに見直し、日常使いの店からギフト需要の店へと大きくシフトします。焼菓子は練りこんでから焼き上げるので、何が入っているのか見ただけではわかりません。写真撮影の際に焼菓子の周りに色とりどりのフルーツなど、原材料を並べた写真を撮り、見ただけで味の想像ができるようにします。

2つ目は、急速冷凍機を導入し、ECで冷凍販売すること。急速冷凍機の導入により、焼きたての味が長期間保存できるようになり、日々の廃棄も大幅に減らせます。遠方への商品発送も可能になり、EC販売も始めることができます。また、働きたい時間に焼くことができるようになり、家族の都合に合わせて予定を組むことができるようになります。

3つ目は、営業時間を大幅に短縮すること。Aさんは10時から20時ぐらいまではお店を開けなくてはならないと考えていたようですが、私は12時から18時を提案しました。開店前は商品づくり、写真撮影、SNSの投稿を行います。閉店後は早く帰って家族と夕飯をゆっくりと楽しみ、明日への活力を得るのです。

Aさんは「朝お店にいるのであれば、いつお客様が来るかもしれ

ないし、10時から開けたほうがいいのではないか」と、言いました。「事前にしっかりと告知をすれば、お客様は開いている時間に来てくれる」「事前予約すれば営業時間外でも受け取れるようにすれば良い」「ECで24時間いつでも好きな時にお客様は注文できる」「お客様が来店してしまうと、その都度仕事の手を止めなくてはならず、非効率」「店舗が開いていると、あれもこれも気になりだして、慣れていない面倒な写真撮影やSNSの投稿が後回しになってしまうので、やるべきことに集中したほうがよい」などを伝え、Aさんも不安ながらも、短時間営業に挑戦してみると言ってくれました。

その後、Aさんを訪ねると、体が休めているせいか、初めてお会いしたときの疲れ切った表情ではなくなっていました。詳しく話を聞いてみると、「パン屋の客単価は700円程度だったのが、業態転換してから5,000円に跳ね上がった」「売上はパン屋の時よりもまだ少ないが、利益が大幅に増えた」「全国から注文が来るようになった」「事前予約であれば、営業時間外でも対応できるようにし、ECが24時間動いていることで、お客様からの不満は特に出なかった」「圧倒的に作る数が減ってオーブンを動かし続ける時間が減り、水道光熱費が激減した」「小麦粉やバター、卵などの材料の仕入れが大幅に減ったことで資金繰りが非常に楽になった」「立ちっぱなしの時間が減ったことで、慢性的な腰痛もかなり改善された」などを教えてくれました。営業時間を大幅短縮することを当初のAさんは心配していましたが、「お客様は空いてる時間に来るようになるんですね」と、取り越し苦労だったと話してくれました。「何といっても家族との大切な時間を得ることができたことがもっとも価値のあること」と、Aさんは頬を緩めました。

あなたよりお客様のほうがお金持ち

「お金を儲けている人が沢山いるけれども、その方々に対してビジネスを展開できていないので、売上が上がらず、会社が苦しい」ことを理解していない経営者が多いです。日本のニュースは、視聴者からの共感を得るためか、苦しみを伝えるニュースが多く、儲かってしょうがない人々のニュースはあまり流れません。「儲かってる人が増えててもうちとは関係ない」と言い切る経営者も多いので、市場にお金持ちが増えていること、そのお金持ちたちを相手にしないと小さな会社が生き残っていけないことを納得していただけるまで何度も対話をします。

私は東京23区を中心にコンサルティング活動を行っており、クライアントも都内がもっとも多くなっています。2023年、東京23区全域の新築マンションの平均価格が1億円を超えたと、大手ハウスメーカーから発表されました。新築マンション価格につられて、中古マンションも高騰を続けています。共働き家族が増加し、ダブルインカムがあることで、収入が多い世帯が増えています。これから23区に流入してくる人は、お金を持っています。

一方、生活が苦しい小さな会社の経営者は、ニューリッチが増えていることには気がつかず、消費に渋い既存のお客様に対して「お客様に少しでも安く」、「お客様に申し訳ない」と、自らの資産を削ってまで安く売るために奮闘しています。周りにお金持ちが増えているにも関わらず、なぜ経営者は苦しんでまで安売り経営しなければならないのでしょうか。私はいつもクライアントに「あなたが

チェーン店のワンコイン牛丼を食べている時、お客様は、あなたのお店で安くしてもらって浮いたお金を使って、高級レストランで国産黒毛和牛のステーキを食べていますよ」と伝えています。町の人たちが変わらないと思っている経営者が多いですが、国勢調査などの統計資料を見れば、都内人口の流出と流入が多く、住民が入れ替わっていることがわかります。これから町に流入してくるひとはお金持ちです。その人たちにお店に来てもらいましょう。

　また、東京23区以外の地方でも、医者、弁護士、地主、地方の有力会社の経営者や従業員など、地域に必ずお金持ちは一定数存在します。小さな会社が生き残るために必要な売上を上げるだけの市場は必ず地方にもあります。

　平日の昼間は「商店街には高齢者、主婦、外国人観光客しか居ないね」と、経営者の方々とよく話が出ます。最近増加している外国人観光客も、来日する旅費と長期間滞在できるだけの財力を持っており、消費も活発なので、お客様として取り込むことができると理想的です。

理想のお客様イメージを見える化しよう

　この本では、あなたの値上げに理解、共感、協力してもらえないお客様については、残念ながら「さようなら」していきます。次からのワークでは、新規のお客様を獲得していくイメージで、理想のお客様設定を記入していきましょう。架空のお客様を1人または複数想定し、その人がどのような価値観を持って、どのようなライフスタ

イルで、どのような消費行動をしているか想像します。

　たとえば、無印良品の店舗を覗くと、老若男女問わずお買い物を楽しんでいます。無印良品のシンプルさ、ナチュラルさ、フェアトレードなどの社会的配慮に共感したお客様が無印良品を選んでいます。無印良品はあえてターゲットを設けず、さまざまな商品を販売しているようですが、小さな会社の場合は社内資源（ヒト・モノ・カネ・情報）に限界がありますので、ターゲットを絞り、限られた社内資源を集中していくことが大切です。

　ワークは理想のお客様設定を「言語化」「画像イメージ化」する2種類を用意しています。

　1つ目の「言語化」では、頭に描いているお客様のイメージを言葉に落とし込みます。言語化により、頭の中にあるモヤモヤとしたイメージを整理し、客観視することができるようになります。また、文字を紙やデジタルに落とし込むことで、いつでも従業員やお客様と情報を共有することができます。近年、インターネットの普及により、お客様自身が興味関心ある言葉を検索するようになりました。お客様の興味関心を引く言葉をHPなどに散りばめておくと、グーグルやヤフーなどの検索エンジンで引っ掛かりやすくなります。

　2つ目の「画像イメージ化」では、経営者が頭の中に描いているお客様のイメージを画像（写真、イラスト、絵画など）に落とし込みます。コンサルタントとしてさまざまな小さな会社を訪問して、「理想のお客様はどんな方ですか」と尋ねると「20代女性でおしゃれな人」「30代から40代のかっこいいサラリーマン」など回答があります。ただ、よくヒアリングを重ねると、経営者や従業員それぞれの持つ「おしゃれ」「かっこいい」のイメージや概念が異なることに気

がつきます。社内外に商品やサービスをPRする際にどんなイメージ
やメッセージを発信するかによって、興味を持って寄ってきてくれる
人は異なります。ここでは、あなたの理想のお客様の写真を貼り付
けて、イメージを見える化してみましょう。

　画像イメージは写真、イラスト、絵画などで、紙とデジタルがあ
ります。画像イメージの集め方は、書店や図書館に足を運んで集
める方法、インターネットで写真を集める方法、あなたが撮りため
た写真を使う、などがあります。家に居ながら世界中の情報がイン
ターネットで手に入る時代にあって、実際に書店や図書館に足を
運ぶのは面倒や無駄を感じるかもしれません。しかしながら、「セレ
ンディピティ」と呼ばれる、偶然や幸せ、予想外の出会いが起きる
ことがあるので、ぜひ足を運んでみてください。グーグルやヤフー
などのインターネット検索エンジンでは自分が選んだキーワードを打
ち込むため、想定していたものが見つかるだけで、予想外の出会
いは少ないのです。また、インターネットを使用すると、自分が操作
しているつもりになっていても、実際にはGAFA（グーグル、アマゾ
ン、フェイスブック、アップル）などの大手IT企業によって操作され
た情報を知らず知らずのうちに刷り込まれることになります。同じ
ような情報を刷り込まれることで、「右へ倣え」で他社との差別化
が難しくなります。私は長年、大学や専門学校の授業でこのワーク
を行ってきましたが、年々ネットだけで情報収集する学生が増えて
います。結果、個性や特徴のないイメージを持ってくる学生が増え
てしまいました。宿題を添削するたびに「またこれか」と、ガッカリ
するようになりました。人間同じようなものを見て、同じようなもの
を食べて生活していると、同じような考えに寄ってくものです。この

本を読んでくださっている方々には、積極的に外に出かけて「セレンディピティ」を体感していただきたいのです。

　お勧めは図書館や書店の雑誌コーナーです。最新号の表紙が正面を向いていて配置されているため、それぞれの雑誌のターゲットのイメージ比較が容易です。雑誌は、長年の歴史の中でターゲット層をすみ分けしながら生き残っていた紙媒体です。雑誌を何冊か選ぶだけで、理想のお客様のイメージを絞ることができます。

　写真には写真を撮影した人に著作権があります。また、写真に人物が写っている場合には肖像権がありますので、集めた写真を対外的な資料に貼り付けて拡散しないように気をつけましょう。一部の写真サイトでは、著作権・肖像権フリーのものがありますので、写真サイトの利用規約に従って写真を活用しましょう。

　ネットで写真を集める場合には、検索のキーワードが的確に入力できると、欲しかったイメージが手に入りやすいです。私は、写真を集めるアプリとして、ピンタレストを使っています。ピンタレストの検索窓に1つ目のワーク「言語化」で出てきたキーワードを入力すると、あなたの求めているイメージが出てきます。また、出てくるイメージをいくつか選択すると、AIがあなたの好みを理解し、あなたの求めるイメージに近い画像が表示されるようになります。ピンタレストは気に入った画像を「ピン止め」して保存し、「ピン止め」した画像を「ボード」にまとめることができます。また、「ピン止め」や「ボード」は、他人と共有することもできますので、社内外での情報共有に活用しやすいです。

理想のお客様設定（言語化）

あなたが考える理想のお客様の設定をできるだけ具体的に書き込んでみましょう。

＊次ページのそれぞれの項目の説明をよく読んで記入してください。

記入例

理想のお客様設定

名 前	鈴木 美花	性 別	女性
年 齢	37才	家族構成	夫（38才） 娘（9才）
居住地域	神奈川県横浜市	勤務地	東京都品川区
職 業	インテリアコーディネーター	世帯年収	960万円
趣 味	美術館巡り、カフェ巡り、ガーデニング	こだわり	美しいもの、キレイなものを見るとどのようにしてできるのか追求したくなる
よく読む雑誌	ファッション誌、インテリア雑誌	お気に入りのレストラン	近所のイタリアンレストラン
平日の過ごし方	仕事の合い間に街へ出て、最新のトレンドをチェック！	休日の過ごし方	娘と一緒に近所をウォーキングしながらおしゃべり
自宅のインテリアテイスト	北欧風、白を基調にシンプルに	お気に入りのスマホアプリ	雑誌アプリ、料理レシピアプリ

鈴木 美花さん
37才・女性

理想のお客様設定

名　前		性　別	
年　齢		家族構成	
居住地域		勤　務　地	
職　業		世帯年収	
趣　味		こだわり	
よく読む雑誌		お気に入りの レストラン	
平日の 過ごし方		休日の 過ごし方	
自宅の インテリア テイスト		お気に入りの スマホアプリ	

ワーク　理想のお客様設定／項目説明

名前

理想のお客様に親近感を持てるように、架空の名前を設定してみましょう。スープ専門店で有名なスープストックトーキョーは、秋野つゆさんというお名前を架空のお客様にしていて、「秋野さんだったらどう思うかな？」など、社内会議して話しているそうです。

性別

女性、男性、LGBTQ+（性的少数者）など、ジェンダー差別せず多様な価値観を受け止める姿勢が求められています。社内で性別に関するトピックを扱う際には、無意識のうちに差別発言をしないように気をつけたいものです。近年は、男性用コスメなど、これまでの男性のイメージを刷新することで広がるビジネスもあります。

年齢

性別同様、決めつけが起きやすいのが年齢です。引くても子供の頃のパートの

職業

職業はお客様の価値観や生き方がもっとも表われるものの一つです。会社員、パートアルバイト、自営業、会社役員、主婦、無職、学生など設定してみましょう。ペットを飼っていると生活様式も変わります。

世帯所得

消費者の消費行動は世帯所得に大きく左右されます。厚生労働省の調査（2022年）によると、平均所得金額は「全世帯」が約524万円となっています。内訳を見ると「高齢者世帯」が約305万円、「高齢者世帯以外の世帯」が約651万円、「児童のいる世帯」が約812万円となっています。平均所得金額（約524万円）以下の割合は62.2%と約6割を超え、平均所得以上の方が約4割となるため「小さな会社」の方が平均所得以下の層と、平均所得以下でも消費に積極的な層」を狙っていくことが大切です。

よく読む雑誌

雑誌が売れない時代となっていますが、雑誌ごとに趣味や嗜好、年収などにターゲットが上手に分かれていて、情報収集するには最適なツールです。小さな会社が広告を打ったり、ニュースレターを配信したりする際にも雑誌媒体の情報を得ておくことは有用です。

お気に入りのレストラン

いつも利用しているレストランは、お客様の価値観が明確にあらわれやすいのです。和食、洋食、中華というカテゴリーだけではなく、お店の雰囲気やメニュー、価格帯も加味してお店を探してみましょう。

平日の過ごし方

朝、昼、晩と、何をして過ごしているのか時間ごとにイメージしてみましょう。平日休みの場合も考慮しましょう。

趣　味

大好きな趣味への支出は大きくなりがちです。ゲーム、読書、国内旅行、海外旅行、キャンプ、サーフィンなど、具体的な趣味をイメージして2〜3個書いてみましょう。

売場は、ヤングミセスなどと分かれていましたが、今は年齢よりも価値観の時代です。しかしながら、加齢とともに自然に起こる体型や体調の変化なども考慮することには必要ですので、年齢を考慮することには必要です。

こだわり

仕事やプライベートの衣食住のさまざまな場面で、人はそれぞれこだわりを持って生きています。仕事のこだわりであれば「ライフワークバランスを大切にする」「通勤電車は指定席を購入して仕事をする」「定時で必ず帰る」。プライベートであれば「天然素材の洋服を選ぶ」「野菜は必ず国産を選ぶ」「何もしない日を設けて体を休める」など、理想のお客様がこだわりそうなものを3〜5個書いてみましょう。

家族構成

一人暮らし、夫婦暮らし、夫婦と子供、一人の親と子供など、想定してみましょう。国勢調査で2040年には国内の単身世帯（一人暮らし）が約4割になると予測されています。さらに、高齢化も進んでいますので、一つの家庭で消費される物の量はどんどん少なくなっていきます。また、ペットを重要視する家族構成となりました。ペットを飼っていると生活様式も変わります。

居住地域・勤務地

住んでいるのが都心部か地方なのか、また、働いてるのは都市部なのか、居住地付近なのかなどで、行動パターンが異なります。それぞれ具体的な地名を書いてみましょう。

家のインテリアのテイスト

個人の趣味嗜好は、家のインテリアに色濃く出ます。シンプルモダン、北欧ブルックリン、ホテルライク、ヴィンテージなど、さまざまなスタイルがあります。スタイル名をピンタレスト検索や、ブラウザ検索をしてみると、それぞれのスタイルを理解することができます。

お気に入りのスマホアプリ

現代社会で人々が日々にもっとも触っているものは、スマートフォンです。たくさんの時間を費やしているスマートフォンのアプリには、お客様の趣味嗜好が凝縮されています。

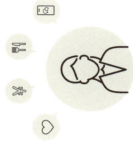

ワーク

理想のお客様設定（画像イメージ化）

言語化したキーワードの写真や画像を集めて、オンライン上でボードにまとめるか、実際にステンレンボードやホワイトボードなどに画びょうやマスキングテープなどで貼り付けてみてください。ステンレンボードは画材店やネットで購入できます。並べた写真や画像を俯瞰するごとで、イメージが湧きあがってくることを感じていただけるはずです。また、HPやチラシなどを外部委託で発注するときに、このイメージボードを共有することで、イメージの齟齬を最小限に抑えることができるようになります。

イメージ例

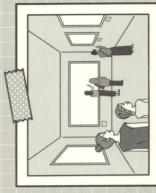

理想のお客様のイメージ化

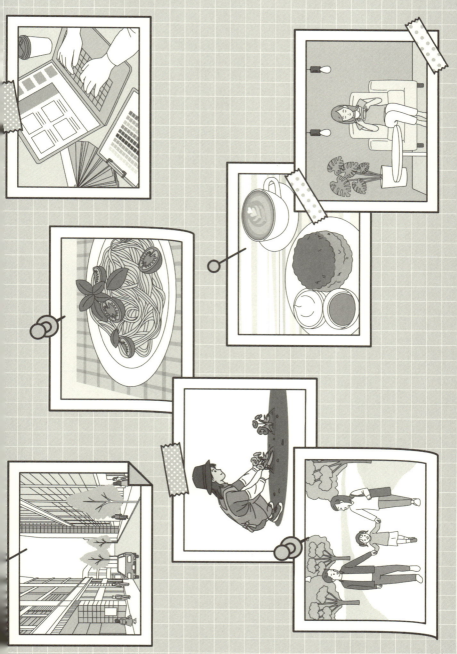

第**2**章

「NO罪悪感」で４割値上げする

＼ 頑張りすぎないゴールを設定しよう ／

あなたは「あなたらしく」
生きられていますか

　あなたが思い描く理想の「あなたらしい人生」と、「現実のあなたの人生」にギャップは生じていませんか。

　あなたが幸せで満たされていて、何も不満がなければ、苦しさ、面倒くささが伴う4割値上げとブランディングをする必要はないかもしれません。「時間やお金が無くて好きなことができない」「休みがなくて体調が悪い」「自分が成長している実感がない」「いつも同じようなメンバーと顔を合わせていてビジネスの拡がりがない」など、開業前に思い描いていた人生を歩むことができていないとすれば、この本をきっかけに4割値上げとブランディングに挑戦することで、あなたの人生をあなたが思い描く「あなたらしい人生」に変えていくことができるかもしれません。

　「4割値上げ」と「"らしさ"ブランディング」で「自分らしい人生」を取り戻した女性がいます。

　ジュエリーデザイナーのAさんは、学生時代に旅行したイタリアで出会ったジュエリーに心を奪われました。帰国後もイタリアの美しいジュエリーが脳裏から離れず、大学卒業後に念願のイタリアへ留学しました。イタリアで、ジュエリーのデザインと製造の修行を積んで日本に帰国した後、希望する就職先がなかなか見つからなかったため、事務職の仕事をしながら、趣味でジュエリーの作品作りを続けていました。結婚を機に退職し、主婦をしながら週末のイベントでジュエリーの販売を続けてきました。インスタグラムのフォ

ロワーも2000人を超え、お店で商品を見たいというお客様の声が多くあったことから、一念発起してアトリエ兼ショップをオープンしました。

　私がAさんと出会ったのは、開業してから10年が経過したタイミングでした。休みなく働いて、どう頑張っても利益がほとんど残らないと困り果てたAさんの姿が印象的でした。Aさんは子育てもしており、限られた時間の中で、稼いで生活していけるか悩んでいました。

　私はAさんに5つの宿題を出しました。

　1つ目は、4割値上げをすること。Aさんの商品は、デザインと品質の高さに定評がありました。Aさんの感性は独創的で他にはないデザインで、来店するお客様はAさんのインスタグラムを見て商品に惚れこんでから来店しています。また、手の込んだ加工と丁寧な仕上げで品質も申し分ありません。インスタグラムのフォロワーも3000人以上に増え、値上げを支えてくれるファンも増えていました。Aさんはとても謙虚な方で、こんな高い値段をお客様から取ってよいのかとかなり悩まれました。私は「値上げ」ではなく、Aさんの商品の「適正価格」を実現しましょうと提案しました。Aさんは、持ち前の素直さで、私の提案を信じてくださり、すぐに4割以上の値上げを実施しました。

　2つ目は、ストーリーブランディングを創り上げること。Aさんはとてもクリエイティブで、ジュエリー以外の雑貨もアイデアが思いついた時に制作していました。しかし、商品ラインナップが増えすぎて「何でも屋」になっていました。そこで、Aさんの趣味である「旅」をテーマにしたストーリーづくりを提案しました。すべての商品に、旅を連想させる商品名をつけ、必ず30文字の商品ストーリーを付

けることにしました。ほとんどのお客様は毎日、同じ時間に起きて、同じような朝ご飯を食べて、同じ電車に乗って、同じような仕事をして、代わり映えのしない同僚と代わり映えのしない会話をし、同じような昼ご飯を食べて、同じ電車に乗って、同じような夕食を食べて、同じ時間に寝ています。退屈で変化の無い日々を過ごしているのです。そんなお客様がAさんのブランドに出会うことによって、日々の暮らしの中でAさんのインスタグラムを見て、旅をした気分になります。Aさんのブランドは、お客様の生活に溶け込み、Aさんのジュエリーを身に付け、ジュエリーを見るたびに、四季を感じ、旅の情景が思い浮かべ、新鮮で幸せな気持ちになるのです。

　3つ目は、外注を活用すること。これまでAさんはクオリティの高さにこだわるあまり、過剰品質で、恒常的な長時間労働となっていました。値上げにより、外注費用が捻出できるようになるため、Aさんでしかできない加工以外は極力外注に出すことにしました。同時に、凝りすぎていたデザインも見直すことで、外注の職人さんが迷わず仕事ができるようになり、低コスト、短納期にもつながりました。

　4つ目は、単価の高い婚約指輪、結婚指輪のブライダルリングを強化すること。ジュエリー業界はブライダルマジックでブライダルと銘打つと、同じリングでも価格が5倍以上に跳ね上がります。暗黙の了解でブライダル市場は相場が決まっています。一昔前は、ダイアモンド会社の価値観植え付けPRが功を奏して、「婚約指輪は給料3カ月分」と、価格の高いものを贈らなければならないというイメージが現在でも人々の頭に焼き付いています。男性から結婚の印に送られる物であるケースが多いため、あまり安いと花嫁や花嫁の

家族に失礼になると考えられるからでしょう。結婚情報誌の調査によると、給料3か月分とまではいかないものの、現在でも婚約指輪価格の平均は40万円、結婚指輪価格の平均は2本で30万円だそうです。Aさんも高単価、高利益率を実現するため、ブライダルの品揃えを増やし、ブライダルに関係するSNSの投稿頻度やネット広告を増やし、PRすることにしました。

　5つ目は、ネットショップ（EC）を始めること。Aさんは、こだわりのあるジュエリーを販売していたので、高価な商品がネットで売れるのか懐疑的でした。また、試着もできないことを不安がっていました。私は、昨今買い物のトレンドがネットにシフトしており、高級品でも問題なく売れる時代になっていることを伝えました。ネットショップやSNSでジュエリーの着用画像を多く発信し、サイズチャートも丁寧に載せることでやってみましょうとAさんの背中を押しました。

　しかし、それからしばらくして、新型コロナウィルスのニュースが飛び込んできました。新型コロナウィルスの流行で結婚式が軒並み中止や延期となり、ブライダルを強化しようと提案していた手前、私はAさんの事業を心配する日々を過ごしていました。外出制限がかかったロックダウンの間もリモートで相談に乗りながら、なんとか経営を続けてもらいました。コロナ禍が落ち着き、久々に店舗訪問をしたところ、Aさんから売上が大幅に上がったとの報告を受けました。結婚式は軒並み延期または中止になったが、その分の予算をジュエリーに充てたいという花嫁が増えていたのです。Aさんのお店にもブライダルに関する問い合わせが相次ぎ、受注件数がコロナ前より5倍まで増えていました。コロナ禍で金の値段も高騰していたため、4割値上げしていなかったらまったく利益が出ていな

かったそうです。値上げしたことで、加工の多くを外注することもできるようになり、Aさんの作業時間が大幅に減少しました。早く帰宅できるようになり、心身を休める時間も増えて、家族との時間を増やすこともできるようになっていました。また、ネットショップをコロナ前に整備していたことで、ブライダル以外のジュエリーもネットショップで売れるようになり、会社全体の3割の売上を占めるまでに成長していました。5つの提案の結果、会社全体の売上をコロナ禍以前よりも4倍以上に増やすことができたのです。

　そんなある日、Aさんのインスタグラムを覗いてみると、8月に1か月間お店を閉めて、ネットショップのみの対応になると記載されていました。私は、ケガや病気など、何か問題が生じたのではないかと心配しながら過ごし、9月以降に訪問した際に、「1か月間もお店を閉めていましたが大丈夫でしたか？」と尋ねました。すると、Aさんは、「どのみち8月はお客様が来ないので、1か月間長期休暇を取ったんです。イタリア留学中にイタリア人はしっかり長期休暇を取っているのを見ていたので、いつか私も長期休暇を取りたいとずっと思っていたんです」と言いました。Aさんは長期休暇中に旅行、美術鑑賞、読書など、これまで仕事に追われてできなかったことを実現し、心も体もリフレッシュして日々の業務に戻っていました。また、休暇中にもネットショップが動いていたことで、一定の売上も上がり、自分だけサボっているような罪悪感がなく、売上がない不安もなかったと言います。私は「これぞまさに4割値上げで自由を得た事例だ」と非常に感動しました。この経験をきっかけに「4割値上げにより、お金と時間の余裕を得る経営者をこれからも増やしていきたい」と心に誓いました。

「3つの勇気」を持てる経営者は強い

「不完全である勇気」
「失敗をする勇気」
「誤っていることが明らかにされる勇気」

　オーストリアの精神科医、精神分析学者、心理学者であるアルフレット・アドラーは困難な時代にあって、明日を切り開くための「3つの勇気」を示しています。

　「不完全である勇気」は、自分は失敗することがある人間だと認めることです。100％成功することは世の中ほとんどありません。果敢に挑戦して失敗し、そこから将来への学びを得ることが「失敗をする勇気」です。「誤っていることが明らかにされる勇気」は、失敗したことを認めること、隠さないことです。経営者に「ビジネスモデルが成り立っていない」ことを伝えると、怒り出してしまうことがあります。自らのビジネスが誤っていたことが明らかになることを許せないからです。しかしながら、不要なプライドを捨て、この「3つの勇気」を持った経営者は素直になり、貪欲に私からアイデアを引き出し、果敢に困難と向き合い、新しい挑戦を始めます。その結果、業績が回復し、自分らしい幸せな人生を歩みだすことができるのです。

過剰お・も・て・な・しが、
会社をダメにする

　2020東京オリンピック・パラリンピックの招致の際に、滝川クリ
ステルさんの「お・も・て・な・し」スピーチが話題になりました。
日本のおもてなしは世界に誇る接遇です。「接遇」とは、接客にお
もてなしの心を込めたサービスです。しかしながら、小さな会社に
おいては、良かれと思ってやりすぎてしまったおもてなしが会社をダメ
にしてしまうケースが後を絶ちません。

　「過剰お・も・て・な・し」でクレームを呼んでしまった会社があ
ります。

　清掃業を経営するC社長はとても綺麗好きです。契約先のマン
ションを清掃したのち、時間が余れば、マンション敷地内の雑草を
抜いて綺麗にしていました。しかし、別の従業員Dさんが同じマン
ションを清掃したときに、「清掃が行き届いていない、次回から必
ずC社長が来てくれ」と、C社長にマンションの管理会社からクレー
ムがきました。よくよく話を聞いてみると、従業員のDさんは、経験
豊富で清掃は問題なくしっかりと行っていましたが、雑草を抜いて
いませんでした。もともと、雑草の清掃は作業には含まれておらず、
C社長が良かれと思ってやったことがクレームに繋がりました。ま
た、こちらが雑草だと抜いた草が、わざわざ植えた大切な草木な
場合もありますので、リスクが高い無料サービスです。この会社で
は、サービス内容を明確にし、オプションは有料で追加対応できる
ようにサービスメニューを変更しました。

なぜ値上げに罪悪感が
つきまとうのか

「経営は苦しむもの」
「必要以上に儲けてはいけない」
「お客様に申し訳ない」
「お客様には奉仕しなくてはならない」
「自分だけ休んではいけない」

4値上げにより、がむしゃらに働きすぎることをやめて「休むこと」と、適切に利益をだして「儲けること」を提案すると、このような罪悪感満載な言葉が必ず経営者の口が突いて出てきます。長期の海外生活で外から日本国内を客観的に見る経験を経た私は、日本人の「休むこと」「儲けること」に対する「罪悪感」に違和感を覚えるようになりました。正月休み、お盆休みなど、みんなが休んでいるときには罪悪感は生まれません。罪悪感が生まれるのは「みんなが働いているのに自分だけ休む」ときです。第二次世界大戦中、日本軍はがむしゃらに朝から晩まで休むことなく戦って、力尽きていったといいます。一方、アメリカ軍はシフト制で休暇があり、勤務中も休憩中にはテニスなどのレクリエーション活動を行っていたそうです。休むときはしっかり休んで、働くときはしっかりと働くメリハリのある生活を送っていました。アメリカは戦略を立て、計画に基づき、戦術を実行して勝利しました。一方、日本軍は場当たり次第に戦い、たくさんの大切な命を犠牲にしました。戦後70年以上

経っても、日本人は計画を立てず、他人の目を気にしてしっかりと休まず、メリハリ無く働き続けて、苦しむことが美徳の生活から抜け出しきれていないようです。

「儲けること」に関しては、日本の平均的な所得から大きく外れて「みんなより自分が儲けていること」に罪悪感が生まれるようです。日本人はみんなが中流家庭で、みんなが同じレベルの消費行動をすることを望みます。上でも下でも出る杭は打たれ、同じレベルを好みがちです。

お金遣いが荒ければ「成金」とバカにし、お金を持っているのに慎ましい生活を送っていると「金持ちに限ってケチ」だとバカにします。他人のお金の使い方に非常に敏感です。

私は独立後、複数の大学や専門学校で非常勤講師を務めてきましたが、これから社会に出ていく学生に向けて、「あなたはスペシャルで、素晴らしい存在である」「儲けることは悪ではない」「みんながたくさん儲けて、たくさん納税すれば、公共施設や教育が充実して、より豊かな生活を送ることができる人が増える」「しっかり設けて、しっかり休もう」「ビジネスは幸せな循環づくりである」と繰り返し伝えることを心がけています。

値上げに謝罪はいらない

「ご迷惑をお掛けいたします」
「ご負担をお掛けして申し訳ございません」
「大変心苦しいお願い」
「誠に不本意です」
「何卒余儀ない事情をご理解いただき、
　今後とも変わらぬご高配を賜りたく…」

　何か、犯罪でもしたのでしょうか。インターネットで「値上げ／お知らせ／例文」と検索すると、山のように値上げの謝罪文が出てきます。お客様に喜んでもらいたい一心で、商品を一生懸命作って、売っている会社が、なぜお客様に謝る必要があるのでしょうか。あなたは何も悪いことはしていません。むしろ、「今まで企業努力を重ねてくれて、リーズナブルな商品を提供してくれてありがとう」と、お客様から感謝してもらってもいいぐらいです。

　革製品を製造販売するHさんは、欧州から上質な革を仕入れて製品に仕上げて販売しています。私の支援により、4割値上げとブランディングに取り組み、業績が改善していました。しかしながら、原材料費の高騰と為替の変動が予想以上に大きく、さらなる値上げをしなければ経営が苦しくなるという結論に至りました。Hさんは1年前に値上げしたばかりなのに、また4割値上げするのは苦しいと悩んでいました。私の説得によりやっと4割値上げを覚悟しま

したが、なかなか値上げに至りません。1か月後に状況を聞くと、必死で価格改定のシミュレーションを重ねていました。何のために使用するのかと聞いたところ「取引先やお客様に2度目の大幅値上げを説明するのに、必死で作っている」というのです。取引先から聞かれたときの説明文、お客様から聞かれたときの説明文と、いくつもの文章も用意していました。私はHさんに、「昨今の原材料費の高騰により、値上げさせていただきます」の一言でいいと伝えました。Hさんは、「そんな簡単な言葉で大丈夫ですか……」と、やや不安そうながらも、SNSに値上げのお知らせを掲載しました。するとすぐにお客様から「品質の悪い商品を作るぐらいなら、迷わず値上げてください！Hさんの値上げを応援します！」とコメントがついたのです。ブランディングで土台づくりをしていたため、お客様がしっかりとHさんのファンになっていました。

値上げたら、 絶対に値下げない

BtoCのお客様は一度値上げを受け入れたら値下げ要請はしてきませんが、BtoBの取引先は「原材料の高騰が収まったら値下げできるのか」と、詰め寄ってくることが多々あります。その際には、「努力します」と口頭では伝えますが、値下げはしなくて構いません。今後、世界的に資源不足、人材不足は止まらないでしょう。将来的に値下げできる要因は、ほとんどないのです。一時的な原材料の乱高下に気を取られないでください。ミクロではなくマクロの視点を持ち、中長期的な視点を持てば、仕入れ値が下がることなど

今後ないことに気がつきます。また、運良くあなたの使用している原材料が何かの要因で値下がりした場合には、浮いた利益をしっかりと自分の利益にしてください。BtoBの取引先は「覚悟」ができないので、その先の取引先やお客様に「値上げします！」と宣言できていないのです。また、ブランディングなどの苦痛を伴う努力や工夫をしていないはずです。あなたは「覚悟を決めて値上げする人」です。覚悟をして一歩を踏み出した勇者はリスペクトされなければなりません。

身内抵抗勢力が 経営を苦しくする

　小さな会社は家族がサポートしあいながら経営をしていることが多いですが、値上げの際には家族の猛反対で断念するケースが残念ながら多発します。

　私は日本を代表する伝統工芸の職人や、日本で数人しかいない技術を有するスペシャリストを多数支援しています。日々の研鑽により他社が真似できない技術や感性を有し、国や自治体から表彰されている実績をお持ちでも、みなさん謙虚すぎるほど謙虚でまったく自信がありません。謙虚で技術を極めている要素もあると思いますが、経営状態が非常に苦しい場合が多いのです。

　私が値上げに一番苦労する会社の特徴は、身内が値上げに難色を示すケースです。支援時間内に値上げを決断し、値付けもして、そのためにやるべきことも明確にして、いざスタートを切った会社へ次の月に訪問すると、元の値段に戻っていることがよくありま

す。このようなケースのほとんどが身内による抵抗です。私は500社以上の経営支援をする中で「この会社、この人、この技術は素晴らしい」と心震えるほど感動することが多々あります。このような会社が、現在の赤字状態を脱するために、値上げの壁を乗り越えなくては苦しみから抜け出せないのですが、私が勇気付けて、値上げの道筋も明確にしたうえで、走り出しても、奥様、旦那様、お父様お母様から猛反対を受けて値上げを断念するケースが後を絶ちません。親から仕事を継いでいる息子さんや娘さんが主体的に経営している場合には、先代の価格やビジネスを変えることを拒否されることが多いです。昔の感覚から抜け出せず、外部環境が目まぐるしく変化する中で、井の中の蛙状態で経営されています。ご夫婦が経営されている場合には、どちらかが値上げに消極的で、抵抗勢力となります。それで経営がうまく行っている場合には、私のような外部の人間が口出しするべきではないと思いますが、非常に苦しくなるのが、余暇もお金も十分に与えられず、家族が苦しい生活を強いられているのを見る時です。何度も対話して値上げをゆっくりのスピードでも進めていける場合もありますが、身内の抵抗勢力が強い場合には値上げを断念せざるを得ません。ご家族の苦しい生活を抜け出すサポートができず、こちらも泣く泣く諦めてしまうケースが残念ながらあります。

　また、小さな会社を自立させていきたい女性経営者が、自立を家族から邪魔されるケースにもよく遭遇します。配偶者が会社員で収入がある場合や、地主で収入がある場合など、女性経営者が経営する会社の利益が出なくても構わないと、決めつけられてしまうケースがあります。一見すると「他に収入があって趣味レベルで経

営ができて気楽じゃないか」と思われてしまいますが、自らの事業を成功させたいと意欲的な女性経営者にとっては、苦しい経営を強いられることになります。このようなケースは利益が出せないので、外注を活用できず一人で長時間労働を強いられたり、本当はやりたい仕掛けを行う費用が捻出できなかったりします。私が値上げを提案しても「ただでさえ儲かってないのにこれ以上お客さんが逃げたらどうするんだ」「大手の競合はもっと安いんだから、さらに安くしなければならないんじゃないか」と、経営経験の無い配偶者が女性経営者の価値を認めず、事業や女性経営者自身の経験や人格までを否定されて苦しんでいます。日本政策金融公庫総合研究所が1991年度から毎年実施している「新規開業実態調査」[※]では、開業者に占める女性の割合は1991年度の12.4%から、直近の2022年度には24.5%と倍近くに増え、過去最高となりました。しかしながら、せっかく開業まで漕ぎつけて頑張っている女性が、家庭内で「値下げハラスメント」に遭って、苦しんでいることはあまり知られていません。

あなたが4割値上げしないと、本当に困るのはお客様

　あなたの会社が経営難で倒産した場合、お客様はあなたの会社の商品サービスを買うことができなくなって本当に困ります。「謙虚が美徳」で倒産してしまわないよう、あなたは稼いで、利益を会社に残して、ゴーイングコンサーン（会社が将来にわたって継続していくこと）を、実現していかなければなりません。

※日本政策金融公庫総合研究所「2023年度新規開業実態調査」https://www.jfc.go.jp/n/findings/pdf/ronbun2305_02.pdf

夫婦で接骨院を営むA院長は、整形外科病院で治らないと匙を投げられた患者を一人でも多く助けたいという熱い思いで経営を続けてきました。しかしながら、近年の保険診療の壁に阻まれて苦しんでいました。医療費削減のため、厚生労働省の保険診療に対する審査が厳しくなり、ケガや交通事故などの突発的な症状については保険治療が認められますが、肩こりや腰痛など慢性的な痛みに対しては保険が適用されなくなりました。A院長の接骨院でも、ケガの治療で保険治療を行っても、保険組合などの保険者からランダムに患者に送付される施術に関するアンケートに、患者が適切に回答しない、または未提出だった場合に、治療後に保険診療代がA院長に支払われないケースが多発して、経営の大きなリスクとなっていました。保険負担分を患者に後から個別に請求することは容易でなく、泣き寝入りするしかありませんでした。A院長は、「自費治療に切り替えなければ生き残っていけないとわかっているが、店舗周辺の競合で自費治療を行っているところは一件もない。うちだけ値上げたと患者から批判を受け、患者離れを起こすのではないか」と不安で寝られない日々を過ごしているといいます。私はA院長がゴッドハンドと近隣で知られていて、あらゆる痛みを治療してきた豊富な経験を有することを知り、自費治療に切り替えましょうと伝えました。自費治療に切り替えるためのプロセスを伝えてその日は帰りました。その後、まったく音沙汰が無く、「自費治療を諦めてしまったんだな」と思っていました。初回訪問から1年ほど経過したある日、「自費治療に切り替える覚悟ができたので再訪してほしい」と連絡がきました。

　A院長を訪ねると、自費治療のメニュー表が作成されていまし

た。駅ナカに多店舗展開している大企業のクイックマッサージの価格表を参考にしたという、非常に安価な価格設定でした。小さな接骨院は大手チェーンの価格では絶対に生き残ることはできないと、再度説得し、接骨院が長く継続できるように大幅値上げし、自由診療がスタートしました。後日尋ねると、「思ったより患者が自費治療を受け入れてくれたが、高くなったせいか客数が伸びなくて困っている」とA院長は言います。患者の来院状況などを確認すると、新規患者は定期的に獲得できているものの、既存患者の再来院が非常に低いことがわかりました。私がリピーターを生むための施策について話していると、どうもA院長が浮かない表情をしています。よく話を聞いてみると、A院長は高い技術で「1回きりで治せるから、リピーターなんか要らないんだ」「リピーターなんか受け入れている接骨院は技術が無いと言っているようなもので恥ずかしい」「治療後の次回予約は取ったことがない。患者は痛ければまた連絡してくる」と考えており、患者の体を治してあげたい一心で、時間を超過しても、とことん治療を行っていました。患者は1回で体が良くなり、もう来院しなくなっていました。私は、「このままの経営難で接骨院が潰れてしまっては、A院長が考える整形外科で匙を投げられてしまって痛みに耐えている患者が路頭に迷うことになる。A院長が考えを変えて、リピーターを獲得していかなければ経営は安定しない」と、伝えました。「治療は短期的に痛みを取るだけではなく、中長期的にメンテナンスとして痛みを再発しない体づくりを寄り添ってサポートすることも大切です」とA院長に伝えると、A院長は「確かに、痛みやしびれが無いと、来院しちゃだめですか」と、患者からよく質問を受け、痛みを限界まで我慢して症

状を悪化させてから来院する患者が後を絶たないことがわかりました。また、接骨院は乗降客数がそれほど多くない駅の駅前に立地していたので、常に新規患者を獲得し続けることは困難であり、リピーターを獲得していくことが経営安定の肝だと伝えました。数か月後、接骨院を訪ねると、ちょうどA院長が患者さんのお会計をレジでしていました。私はレジ脇の待合い椅子に座り、接客の様子を見ていると、「1か月目は毎週通ってもらって痛みを取って、徐々に通院の間隔を開けていって、痛みが再発しない体づくりを一緒にしていきましょうね」「回数券のほうがお得なのでいかがですか」「次回の予約はいつにされますか？」と、笑顔で接客しているA院長を見て、あまりの変身ぶりに、思わず吹いてしまいました。そんなこんなで順調に行くと思った矢先、コロナ禍となり、ニュースで他の接骨院でクラスター感染が起きたというニュースが流れると、A院長の接骨院にはパタリと患者が来院しなくなりました。私はリモート支援を続けながら、一緒に耐えていきましょうと励まし続けました。新型コロナウィルスの感染がひと段落し、1年以上ぶりに接骨院に訪問した時に、A院長から、「非常に厳しい状況だったが、自費治療に切り替えて値上げをしていたから生き残ることができた、新型コロナウィルス流行前に値上げしていなければ、間違いなく閉院していた」と、感謝していただけました。来院数は大きく下がっていたものの、単価を上げていたため、新型コロナウィルスの流行前と同等程度の利益をなんとか確保できていたのです。A院長は値上げにより、接骨院の経営を安定することができ、現在も多くの痛みに悩む患者の治療に日々当たることができています。

ラーメン
「1,000円の壁」は日本だけ

　昨今の原材料、燃料費、人件費などのコスト増の影響を受け、多くのラーメン店が廃業しています。1杯1,000円を越えたらお客様に申し訳ない、批判が怖いと廃業してしまうそうです。欧米ではラーメンが大人気で、1杯3,000円近くするお店がほとんどです。私が欧米で仕事をしていた2010年頃から欧米は大きくインフレに傾き、サンドイッチなどの軽食以外の温かい食事を外食しようと思ったら、ランチで3,000円、ディナーで8,000円程度が当たり前の相場となっています。一方日本は、ランチは1,000円以下（ファストフード店においてワンコイン500円でランチを済ませている方も多いのではないでしょうか）、ディナーで3,000円以下と、経営者が自分たちで見えない壁を築き上げ、自分たちを苦しめています。日本全体の平均年収がほとんど上がらない中、生活費を切り詰めて生活されている方も多いので、その方々に対してのビジネスであれば、価格の壁を作る必要があるかもしれません。また、小さな会社の経営者自身も生活に余裕がない場合も多いので、切り詰めた生活を過ごす中で、同じように悩んでいる人を喜ばせたいと思っているのではないのでしょうか。しかしながら、小さな会社がターゲットにするべきは「お金に余裕がある人または消費に活発な人」です。厳しい環境の中生き残っている小さなラーメン店は、美味しさを求めて材料や製法にこだわりがあり、原価も間違いなく高いはずです。残念ながら、小さな会社は、こだわりのラーメンをより安価に多くの方々に提供し続けることはできません。多くの対価を払っても小さな会

社のこだわりのラーメンを食べたいという「お金に余裕がある人または消費に活発な人」に、持続可能な適正価格で命を懸けたこだわりのラーメンを提供する。万人に安くて美味しいものを提供する不可能な理想はもう捨てましょう。自分たちを取り巻く環境と、ビジネスで自らを置く環境をしっかりと分けて考えることが非常に重要です。

　モノの値段が適正に上がり、会社が適正に利益を得ることで、従業員の給与を上げて、消費を活発にしていく。卵が先かニワトリが先かの議論はありますが、日本の企業数の99.7％を占める中小企業が幸せの循環づくりのために率先して値上げし、三方良し（売り手、買い手、世間）を実現できる社会にしていきたいものです。

海を越えれば高級品、 海を越えなくても高級品に

　私が19歳初留学でパリに行った際に、衝撃的な経験をしました。
　日本の百貨店で背伸びして買っていた憧れのフランスのブランド化粧品を、パリの百貨店で見てみようと訪れましたが、売場がありません。留学生活で必要なものを購入しようと、パリの庶民的なドラッグストアを訪れたときに、無残な姿の私の憧れのブランド化粧品を見つけました。洗剤が並んでいる棚と同じ棚に、私の憧れのブランドは並んでいました。化粧品を自由に試せるテスターは、いろんな人が試して、ぐちゃぐちゃになっていました。海外は日本のように試しやすいようなチップやコットン、ティッシュなども置いていないので、テスターのすべての色が混じりあい、子供が使った後の

絵の具のパレットのようでした。百貨店のように独立した売場もなければ、綺麗な身なりで化粧をバッチリ決めた販売員さんも居ません。価格を見ると、日本の2割程度でした。私は19歳にして、「ブランドは作るもの」「値段の高いものが良い物ではない」「場所が変われば値段も変わる」ことを身をもって知りました。「国内で庶民的なブランドでも場所を変えてPRすれば、高級品にもなるのか！」と、目から鱗が落ちる経験でした。

　容姿やライフスタイルに関して、日本人が抱きがちな欧米白人コンプレックスの影響からか、輸入品に対して、価値が高いものだから値段も高いはずだと思っている人が多いですが、日本で輸入品が高いのは、単に輸送コストが高く、ブランディングされていて高級なイメージで売られているからだけです。日本の商品は海外に行けば、必然的に日本価格の2〜3倍以上になります。海外の人からすれば間違いなく高級品です。戦後日本の絶え間ない努力により、世界から日本は「品質が高い」「デザインが良い」と、高い評価を受けています。日本のブランドはもっと自信を持ってよいはずです。

小さな企業が生き残る
マーケットは必ずある

　小さな会社の経営者は、売上を必死に稼ごうと、万人受け、安売りの価格競争をする傾向にあり、値上げを渋ります。しかしながら、売上高の上限を定めれば、高価格帯で生き残れるマーケットは必ずあります。上澄み層だけをターゲットにしたビジネスです。

　厚生労働省の「2022（令和4）年 国民生活基礎調査の概況によ

れば、一般的に生活に余裕があると日本人が想像する世帯年収
1,000万円以上を得ているのは12.6％でした。本書が提唱している
お金に余裕がある人に消費に活発な人も加えれば、15％〜20％程
は4割値上げしたお客様となる可能性があり、小さな会社が生き残
るには十分なマーケットがあるはずです。また、現在では富裕層の
外国人観光客の消費も活発なため、大きいマーケットが国内に存
在しています。

目指せ「食べるラー油」

　小さい会社が生き残るマーケットを創造する際にお勧めなのが、
オンリーワン（うちだけ）とファーストワン（うちが元祖）を生み出すこ
とです。とくに、小さい会社はファーストワンを作り出すことをお勧
めしています。

　私がクライアントに伝えているのは、小さな会社は、スティーブ
ジョブズのようにiPhoneを創ることは困難だけど、「食べるラー油」
なら、なんとか創れそうということです。「食べるラー油」は、餃子
のお供ぐらいにしか使われれなかった脇役調味料のラー油を、具
沢山にしてご飯のお供に進化させた商品です。新しいカテゴリーを
作り出して、一番乗りすることで、先行者利益を得られます。消費
者は最初に慣れ親しんだブランドからブランドスイッチ（ブランドの
乗り換え）を起こしづらくなります。新しいカテゴリーを自分のブラ
ンドの名前を結びつけることで、強固なイメージ構築ができます。
私がフランスに住んでいた時に驚いたのが、ティッシュペーパーの

ことをフランス人は「クリネックス」と呼んでいました。違うメーカーのティッシュでも「クリネックス」です。

　さらに驚いたのが、「これはもう、梅酒というより、チョーヤです。」のキャッチコピーでお馴染みのチョーヤです。ヨーロッパでは、梅酒がチョーヤと呼ばれていて、他の会社の梅酒でも、チョーヤと呼ばれていました。日本だと、セロテープ（セロハンテープ）やマジックテープ（面ファスナー）などはブランド名が商品カテゴリーの名前として使用されています。ユニクロの柳井正さんは、従業員に対し「ストッキングのような商品を開発すること」をデザイナーに指示していたと言います。もともと存在しなかった商品だけど、慣れて使って、無くなると困るようになるものです。ヒートテックやエアリズムがまさにストッキングのような商品となりました。

売上主義から利益主義へ

　小さな会社を訪問して経営者ヒアリングをしていると、経営者が自分自身をより大きく見せようとして、売上高を強調してくる場面によく遭遇します。会社にとっては、売上高は成績表のようなもので、会社がどれだけ頑張ったか社内外から判断される最たるものであることも要因としてあります。しかし本書では、小さな会社こそ利益主義になるべきであると考えています。いくら売ったかより、いくらお金が残ったのかが重要です。4割値上げして、反動で販売数が減少し、売上が一旦下がることもありますが、決算時には値上げ前より利益が残っていることが多いです。利益主義となること

で、必要以上に売り上げる必要がなくなりますので、無理に商品を作ったり仕入れたりする数が減って、原材料費、人件費、外注費が減ります。また、無駄な在庫が減ると資金繰りも楽になります。目先の売上だけではく、利益主義になることを推奨します。

　私はこれまで500社以上の支援をしてきましたが、主に、大手インターネットショッピングモール、大手通販カタログ、大手テレビショッピングなどに出店している会社で利益が潤沢に出ており、従業員が働きすぎておらず、健全な経営を続けることができている小さな会社を見たことがほとんどありません。これらの会社の多くが売上主義となっており、利益度外視で、大手にしがみつくビジネスから離れられず、苦しんで経営をされています。大手の他人のふんどしビジネスではなく、自分のふんどしビジネスを探していく必要があります。

人や環境に負荷をかける会社は生き残れない

　EU（欧州連合）は、広範囲に環境規制を強化する流れであり、2023年12月に、売れ残った服や靴などの衣料品の廃棄を禁じる法案を導入することで大筋合意しました。[※]また、2024年3月には、ファストファッション規制として、流行の洋服を大量生産する会社の広告の禁止や、低価格の輸入衣料品に対して罰金を科す法案が可決されました。欧州で大量に使い古された古着がアフリカに輸出され、アフリカの環境破壊を起こすまでになっており、EUからアフリカへの古着の輸出禁止も提案されました。これは海外だけの流

※日経ビジネス『大西孝弘の複眼レンズ』「ユニクロなど日本企業にEU規制の試練　アパレル廃棄禁止は序章」
https://business.nikkei.com/atcl/gen/19/00122/121800209/

れではなく、国内でも経済産業省がEUの環境規制に対応する形で製造から消費、リサイクルまでを日本産業企画（JIS）に含めていく予定です。ファッション産業が世界の温暖化ガス排出量の10%を占めるため、やり玉に上がりやすい産業ではありますが、この流れは他の業界にも、EU外にも波及していきます。あなたの会社が薄利多売の環境破壊型ビジネスをこのまま続けていこうとしているのならば、さまざまな規制に阻まれる可能性が高くなります。

42.195kmを超えても
終わらないマラソンは地獄

「うちはノルマが無いから楽に働けます」という謳い文句の求人票をよく見かけます。実際、経営者と話していても、うちはノルマもない、目標もないから伸び伸びと従業員に働いてもらっているという話をよく聞きます。だだ、現場を見てみると、目標が無いから際限なく能力、体力、気力の限界まで働いている従業員が悲鳴をあげています。

マラソンでいえば、42.195kmの明確なゴールが無くて、大会主催者の気分次第で、今日は天候が良くて余力がありそうだからもっと走れるだろうと、42.195kmのゴールの紐をもっと先に移動させられたら、ランナーはマラソンを楽しめるでしょうか。スポーツは世界中の人々が同じルールで競い合うから、トラブルなく競技が進みます。小さな会社は働き方のゴールやルールが決められていなかったり、ルールがあってもしっかりと運用されていないことが多いのです。ルールが経営者の気分次第で変わってしまうので、従業員は一

向に苦しみから解放されません。

　売上高のような定量的な目標が無いと、売上高の分解要素である、客数や客単価をどのぐらい獲得しなければならないのかがわかりません。目標客数が無ければ、どのぐらい新規客を開拓しなければならないのか、どのぐらい既存客にリピーターになってもらわなければならないのか見えません。目標客単価が無ければ、一点単価や購入点数を上げるための工夫が生まれません。

　キャリアパスのような定性的な目標が無く「自由に働ける」と伝えていても、実際には経営者が頭の中で「この従業員はこの程度できるだろう」と勝手にイメージを膨らませています。従業員の頑張りがそのイメージと乖離があったとき、「アイツは思ったより使えないヤツでガッカリした」という発言を残念ながら現場でよく耳にします。人材不足で誰でも良いから働いてほしいと「未経験大歓迎」とハードルを下げておきながら、入社してから適切な育成や管理もせずに、「アイツは使えない」と烙印を押すケースが散見されます。少子高齢化で労働人口が減少する中、20年前のような人を使い捨てるような経営は続けることはできません。小さな会社は上場しているような会社に比べたら、高い給料も良い労働環境も提供することは困難です。今後ますます人材採用難が待ち受けているのに、上から目線で人材採用を続けている小さな会社の経営者の方とお会いすることが多いので、注意が必要です。

　人づくりには「企業」「マネージャー」「プレーヤー」の3つの視点を持つことが大切です。「企業」が決めたことを「マネージャー」や「プレーヤー」それぞれのレベルに落とし込みしていきます。

企業理念

　企業理念がない会社は、「スポーツで例えればルールの無い会社」なので、ゲームを心から楽しむことができません。野球でヒットを打った打者が3塁側に走りだしたとき、「おいおい！反対だ！」と突っ込むことができるのはルールがあるからです。企業理念というルールが示されない会社で、従業員それぞれのやり方に任せていては、なかなか会社はまとまりません。

事業戦略・目標設定

　事業戦略や全社目標が設定されていない場合、チームや個人に目標が落としこむことができません。営業担当者に「とにかく頑張ってこい！」と曖昧な指示をしている経営者がたくさんいます。まずは、経営者自身が全社目標を設定しましょう。

組織作り

　会社としてどのような組織をつくるのかプランが描けなければ、採用計画や育成計画を立てることができません。小さな会社は社

長が望むような即戦力をすぐに採用することは極めて困難です。

スケジュール策定

スケジュール策定は、会社として誰がいつまでに何をどうやってやるのか明確にしなければなりません。「できるだけ早くやれ」という指示は従業員を混乱させます。

評価制度策定

評価項目を決めたり、評価する人を育てたりと、小さな会社が厳密に運用することは非常に難しいです。社会保険労務士などに評価制度を作ってもらったのに、まったく運用していない会社を多く見かけます。会社によって何を評価するのは大きく異なりますので、毎年従業員との対話を重ねながら、会社にフィットした最低限の評価制度を確立していくことが大切です。

フィードバック

「小さな会社で毎日同じメンバーが顔を合わせているから、わざわざやらなくていいだろう」と、フィードバックを軽視している経営者が多いです。個別の1 on 1ミーティングを少なくとも半年に一度、理想は四半期に一度、最低1時間は時間を設けて、従業員と膝を突き合わせて、仕事で困っていることはないか、やりたいことはできているか、今後どうしていきたいかなど、じっくりと話し合うことが大切です。

蒔かない種は出ない

　経営が苦しい経営者に4割値上げを提案した際、ビジネスでよく提唱される「2：6：2の法則」の通り、2割の経営者はすぐに4割以上の値上げを実施します。6割の経営者はかなり躊躇し、うち半分の経営者は苦渋の決断で4割値上げを実施します。また残りの半分の経営者は1〜2割のじわじわ値上げをします。最後の2割の経営者は、値上げは絶対に無理だと諦めます。

　4割値上げをすぐに決断できる2割の経営者は、素直な方が多く、若輩者の私の提案にも耳を傾け、値上げ以外の経営改善提案にも積極的に応じてくれます。結果、当然といえば当然なのかもしれませんが、経営状態の改善スピードが速く、結果が出やすいコンサルティングとなります。

　6割の方は、経営者の不安が強かったり、家族や従業員の反発を受けたりして、なかなかすぐに値上げに踏み切ることができません。ただ、訪問を重ねて、いくら頑張って売っても値上げをしないと利益がでないことを伝え続けると、重い腰を上げて値上げに踏み切ります。経営状態の改善スピードは遅くなりますが、経営は改善の方向に一歩一歩確実に進みます。

　最後の2割、値上げに消極的または否定的な経営者に対しては、「もったいないなぁ」「もっと高く売れるのに」と、訪問のたびに思いながら、値上げ以外の経営改善をお手伝いさせていただいています。寄り添いながら一生懸命に支援をしますが、事業が軌道に乗ることはほとんどありません。販促活動を頑張って売れば売るほ

ど経営が苦しくなるばかりで、私も見ていて苦しくなりますが、納得して値上げしていただけるまで状況は残念ながら変わりません。

4割値上げして「お客様が離れたらどうするんだ」、「売上が下がったらどうするんだ」と不安を訴える経営者の方が多いですが「本業（営業利益）が赤字の場合、その会社のビジネスモデルは成り立っていない」ことを真摯に伝えます。赤字補填に私財を充ててまで、成り立っていないビジネスを継続する必要があるのか、考えていただいています。「あなたのビジネスは成り立っていない」と、伝えると中には怒りだしてしまう方もいますが、冷静になってから連絡がきて「やっぱり値上げの支援をしてほしい」とご連絡いただくこともあります。今、あらゆるものが値上がりしている時代にあって、消費者も値上げに対して慣れが生じだしていますので、ちゃっかり値上げするのに最適なタイミングです。

「蒔けば生え　蒔かねば生えぬ　善悪の人は知らねど　種は正直」という仏教の教えがあります。4割値上げの種は蒔かない限り生えることはありません。ぜひ皆さんも4割値上げの種を蒔いてみませんか。

原価計算は無視！ とにかく4割値上げてみる

無視！と聞くと乱暴な印象を与えてしまいますが、乱暴なぐらいに4割値上げをしないと、小さな会社の経営は良くなりません。とにかく商品価格を4割値上げることを推奨しています。この本の読者の方々は多岐に渡る業種業態で商売をされていると思いますの

で、原価率〇%にしたほうがいいと、具体的な数値を出すことは難しいですが、現在販売している価格から4割値上げてみると利益が安定的に出てくる会社が多いです。

　目安の指標として、経常利益が限界利益の20%を一つの目標とします。

　　限界利益＝売上高 − 変動費

　　経常利益＝限界利益 − 固定費

　変動費は、生産量や販売量に比例して増減するコストです。例えば、原材料費、仕入原価、販売手数料、外注費、支払運賃などです。固定費は、生産量や販売量の増減に関わらず発生するコストです。例えば、家賃、人件費、水道光熱費などです。

　経常利益が限界利益の20%以上あれば、限界利益の80%以下で固定費を賄えていることになります。

収益の目安指標

売上高
200

変動費
100

限界
利益
100

固定費
80

経常利益
20

経常利益を
限界利益の
20%以上に！

083

消費者は商品を
イメージで購入する

　プライシングの決定要因には、コスト、競合（市場価格）、イメージの3つがあります。

　コスト要因は積み上げ方式で、かかった原価や人件費などを計算して、マージンを乗せた価格を設定します。

　競合（市場価格）要因は、競合他社が市場で、どのぐらいの価格で販売しているかを調査し、当社に優位性が認められる場合には少し価格を上げます。差別化要因が少なく、当社に優位性が認められない場合、同程度の価格帯または少し下げた価格帯にします。

　イメージ要因は、根拠が曖昧です。「何となく高そう」「何となく安そうという」と、人が受けるイメージで価格が決まります。

---

①「スーパーの大福」

②「無添加！北海道十勝産の有機栽培で育てた
　黒大豆をたっぷり使用したおばあちゃんの手作り大福。
　さらに今だけ季節限定！初物の風味豊かで
　ふっくらとした獲れたて黒大豆を使用しています」

---

　①と②の大福、どちらが高いと思いますか？　私はこの質問をクライアントに幾度となくしていますが、ほぼ100％「②のおばあちゃんの手作り大福のほうが高そうだ」と答えます。スーパーの大福が100円だとすると、おばあちゃんの手作り大福は400円でも売れそうです。商品名のキーワードから受けるイメージが、価値を押し上

げているのではないでしょうか。「無添加」と聞くと、余計なものが入っていない素材そのものをダイレクトに味わえそうで、健康にも良い印象です。「北海道」は、頭の中に大自然、澄んだ空気、美味しい海産物や乳製品などプラスのイメージが無限に広がります。実際、北海道のアンテナショップの人気は、都内に数ある人気アンテナショップで、不動の1位です。デパートの催事でも北海道物産展は高い集客力を誇るキラーコンテンツです。「十勝産」と言われると、かつて明治乳業の「明治十勝シリーズ」のCMで所ジョージさんが「十勝」と連呼していた記憶が呼び起こされます。「有機栽培の黒大豆」も、実際には何が有機栽培で、どのように栽培されていて、味にどのような違いがあるのかわかりませんが、何となく手間と愛情が掛けられていそうで高そうです。有機栽培食品を販売しているBIO関連ショップの価格帯が総じて高いイメージもあるかもしれません。そして「おばあちゃんの手作り」の響きで、急にノスタルジックな気分になります。背中が丸まって、顔や手に年齢を重ねたたくさんの美しい皺があって、割烹着を着た優しい田舎のおばあちゃんが笑顔で大福を丸めている姿が頭に思い浮かぶでしょう。さらに、「季節限定！初物！」という、日本人が大好きな限定訴求でとどめを刺されます。

　一方、「スーパー」と聞くと、大量生産、大量流通、大量陳列、保存料たくさん、安価、いつでも買える……などというイメージです。ただここで、「スーパーは、紀ノ国屋（KINOKUNIYA）です」と一言付け加えると、みなさんの頭の中で、「スーパーの大福」がおばあちゃんの大福に匹敵する価格へ引きあがるかもしれません。「紀ノ国屋」というブランドが、こだわっていない商品を売っている

はずがないと思わせるからです。人間のイメージは極めて適当で曖昧です。おそらく今の段階では、「おばあちゃんの大福」と「紀ノ国屋の大福」はライバル関係を保っていそうです。

　ここで、「お世話になっている大企業の社長さんが大福好きだから手土産に大福を買ってきてほしい」と頼まれたら、あなたは「おばあちゃんの大福」と「紀ノ国屋の大福」どちらを買うでしょうか。おそらく、パッケージが魅力的で、衛生的で、日持ちはするが体に悪そうな添加物は使っておらず、高価なものを持ってきたと想像してもらえる「紀ノ国屋の大福」を選ぶ方が増えるのではないでしょうか。もしくは、スーパーじゃなくてバラのマークの手提げ袋に入れてもらえるデパートに行ったほうがいいんじゃないかと、デパートまで買いに行ってしまうかもしれません。消費者は、価格よりも、その時に求められるイメージで、総合判断して購入します。

　私はこの3つのプライシング要因のうち、クライアントには「イメージ要因」一択だと伝えています。小さな会社には「イメージ」で価格設定するのがもっとも向いているからです。

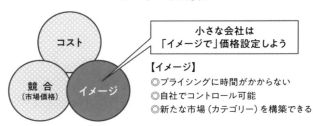

プライシングの決定要因

　コスト要因を選ばないのには理由があります。正確な原価が出ないことと、正確な原価が出ても昨今の原材料費や人件費などの

高騰で、すぐにコストが乱高下してしまうからです。

　私がコンサルタントになりたての頃は、頭が固く、とにかく教科書通りにやってみようと、簿記で習った原価計算の方法に忠実に原価を計算することを支援していましたが、一向に正しい原価が出ません。「創業以来材料の管理を適切にしていない」「原材料費が不明」「原材料の高騰が短い期間で乱高下し原材料費に反映しきれない」「小さな会社は複数の業務を従業員が掛け持ちしながら仕事をしているので、どの事業にどの程度時間を使ったのか測り切れない」「紙ベースで情報が管理されていてデータ化するだけで膨大な時間がかかりすぎる」など理由はさまざまです。正しい原価計算を厳密にしなければならないと考えていたら、いつまでたっても適切な経営はできません。また、原価が適切に導き出されていても、クーポン券の乱発など値引き販売癖が抜けず、実際に想定している利益率を大幅に下回っている場合も散見されます。私が気を付けているのは、赤字を垂れ流している事業や商品を見つけることは早急に対応し、それ以外はまずは4割値上げした後に、時間をかけて問題がありそうな事業や商品サービスなど見つけて改善しています。これまでコスト要因を選んでプライシングをして、会社の利益が出ていない場合には、まず4割値上げをしてみてください。

　では、競合（市場価格）要因はどうでしょうか。競合が大企業の場合、小さな会社は規模が違うため、まったく太刀打ちできません。もしできていたとしても、ほとんど利益が出ておらず苦しい経営をしているはずです。また、競合があなたと同じ中小企業である場合でも、張り合って消耗戦となり、お互い苦しいはずです。ここ

で値上げしたら競合に自分の縄張りを取られてしまうと、必死で食らいついていますが、そこに明るい未来はありません。

チマチマ値上げは嫌われる

　私が経営者に4割値上げを推奨すると、必ずと言っていいほど「1〜3割じゃダメか」と聞かれます。私は「4割以上一気に値上げ」することを推奨し、「チマチマ値上げ」は推奨していません。

　「チマチマ値上げ」は、少しずつ値上げするたびに、「値札を付け変える手間がかかる」「取引先やお客様に頭を下げなければならない」「また値上げするのかとクレームを受ける」など面倒が多く、苦労の割に、経営にプラスの影響が少ないのです。

　「4割以上一気に値上げ」は、取引先やお客様に1回の衝撃で終わります。ほとんどの会社の商品は生活必需品ではないため、本当にお客様に迷惑をかけることはありません。今はあらゆるものが値上がりしているので、値上げ時です。

誰もあなたを見ていない

　小さな会社の経営者を見ていると、自信が無かったり、罪悪感があったりする一方で、自意識過剰すぎる方も多いことに気がつきます。値上げを提案すると、お客様の目を異常に気にしますが、そもそも会社自体も商品も大して知られていません。「お客様は価格

に敏感だ」と、経営者は口を揃えて言いますが、あなたの会社の商品価格を株式チャートのように常にチェックしているようなお客様はいません。そもそもあなたの商品も価格も知らない人のほうが大多数なのです。値上げしたとしても、気がつかれないことも多いでしょう。

380円がダメで490円が
OKな理由

4割値上げする際に、価格設定のルール表を活用してください。

1,000円までの価格設定においては、ワンコインで買える480円と、札一枚で買える980円しか値付けしません。クライアントの多くは、原価率から素直に計算し、また、少しでも安く見せるために、680円、720円、890円のように刻みがちです。ただ、消費者目線で考えると、ワンコインか札1枚かいう意識しかなく、細かい価格設定を刻んでも売れる数にはほとんど影響がありません。下手に安くすると、手元に残るお金も少なくなってしまいます。

価格帯設定のルールづくり

価格帯	値付け	価格帯	値付け
～500円	480円	～5,000円	4,980円
～1,000円	980円	～10,000円	9,980円
～1,500円	1,480円	～20,000円	19,800円
～2,000円	1,980円	～30,000円	29,800円
～2,500円	2,480円	～50,000円	49,800円
～3,000円	2,980円	～100,000円	99,800円

2,000円までの価格に対しては、1,480円も設定しています。先ほど、刻むなと言ったのにおかしいなと思うかもしれませんが、1,480円は2個セットにしたときに3,000円以下になることを想定しています。3,000円までの価格も同じように2,480円を設定し、2個セットで5,000円以下になることを想定しています。

3,000円以上になってくると、もう細かく刻むことはやめます。刻んでも売上にほとんど影響を及ぼさないので、刻むよりも価格がわかりやすく購買行動を起こしやすいことを重視します。

ギフト（プレゼント）にすると 金銭感覚が鈍る

消費者の財布の紐が緩むポイントは「共感・感動・応援」と、もう一つあります。それがギフトです。ギフトは自分のための消費ではなく、誰かのための消費なので、罪悪感がありません。

ギフト需要は、1年中絶え間なくあります。一世帯あたりの家族の人数が減り続けている中、家庭内の消費を増やしていくことは難しいですが、そんな自家消費と異なり、ギフトは付き合い上買わざるを得ない場合も多いです。量を販売するには、ギフト需要を捉えることが重要です。日々忙しく暮らしていると、あっという間にイベントが過ぎ去ってしまいがちなため、「〇〇の季節ですよ！」と、お客様に教えてあげることが必要です。

ギフトは単に商品を誰かに渡すという目的だけではなく、価格、商品や箱のパッケージデザインなど総合的なクオリティで、贈った側が贈られた側から評価されるという側面があります。

価格面から考えると、3,000円、5,000円、10,000円で何か見栄えのよい喜んでもらえそうな商品を探します。1,000円以下のギフトは、小物を学校や職場で配る需要に対応して用意します。3,000円以下のギフトは、ちょっとしたお礼や、5,000円、10,000円のギフトをもらった時の返礼用として選ばれます。5,000円以下は、お世話になった方へのプレゼントや、10,000円のギフトの返礼用に選ばれやすいです。10,000円以上のギフトは関係性の重要度によって、グレードを変えていきます。19,800円で2万円以内に抑えるか、29,800円なら「相手に3万円レベルの価値のあるものを送った」という証となるでしょう。一方、26,800円などの微妙な価格帯になると「3万円でいいものがないかな」と思って探している消費者には少し物足りない価格となってしまいます。

デザイン面から考えると、パッケージデザインは、「映え」で勝負です。近年は、SNSの影響で「映え」なければ売れない時代となりました。SDGsに対応した再生可能な原材料を使用した素材のパッケージや、見栄えの良いパッケージデザインにすることが大切です。自社でデザインができないという方は、ランサーズ、クラウドワークス、ココナラなどの外部デザインサービスが比較的安価で簡単に利用できます。

ギフト需要の種類

フォーマルギフト	シーズンギフト	お年賀、バレンタイン、ひなまつり、ホワイトデー、イースター、こどもの日、母の日、父の日、お中元、敬老の日、ハロウィン、お歳暮、クリスマス など
	ライフイベントギフト	誕生日、出産、七五三、卒入学、成人、就職、転勤、結婚、引っ越し、還暦、長寿 など
カジュアルギフト		手土産、お見舞い、お土産、帰省 など

トイレ用洗剤は、
キッチンで使われない

「あなたはトイレ用洗剤をキッチンで使えますか？」

　私がクライアントにこの質問をすると100％眉間に皺を寄せて、「無理、無理〜！」と言います。多くの方が「逆ならできるかも！」と言いますが、逆で使っている人も実際にはほとんどいません。

　4割値上げするのに、用途を分けたパッケージを開発することもお勧めしています。洗剤を例に挙げると、洗剤の成分はアルカリ性、弱アルカリ性、中性、弱酸性、酸性の5パターンがありますが、「アルカリ性洗剤」と販売している商品は市場にはほとんどありません。「キッチン用」「水回り用」「窓ガラス用」「ふろ用」「トイレ用」など、置く場所ごとに用途を分けて販売されています。ただ、後ろに表示されている成分を見ると、香りや色を変えているだけで、ほとんど同じ成分が違う用途として販売されていることが多々あります。水アカ汚れに強い「酸性」洗剤を「酸性洗剤」として販売したら、1つしか売れませんし、他社との差別化も図りづらいです。これを「爽やかな香りで、素材に優しく水垢をしっかり落とすキッチン用」「臭いも防いで、素材に優しく尿石汚れをしっかりと落とすトイレ用」と2つに分けた場合、1人の消費者が2つ商品を購入してくれます。また、「素材に優しい」と表記すると、上質な素材を使っているのではないかと思い込んでくれます。

　紅茶を例にとると、「イングリッシュブレックファストティー」をランチと夕食に飲む人はいるでしょうか。「アッサムティー」「ダージリンティー」などは茶葉の種類の名称では差別化が図りづらいので、

価格競争になりやすいです。「目覚めのティー」「リラックスティー」「デトックスティー」など用途を分け、1日の時間ごとに飲むお茶を提案すれば、買い上げ点数が多くなります。

ワーク

あなたらしく生きるためのゴール
(経営者の定性目標)

現実の「あなた」と、本来なりたい「あなたらしさ」のゴールを設定します。
6つの「幸せ構成要素(心、体、知識、時間、つながり、お金)」の各項目に3つずつ、「現実のあなた」と「本来なりたい「あなたらしさ」」を比較しながら入力してください。「現実のあなた」を「本来なりたい「あなたらしい姿」」に近づけていくことで、あなたが幸せだと感じるようになることを目指します。

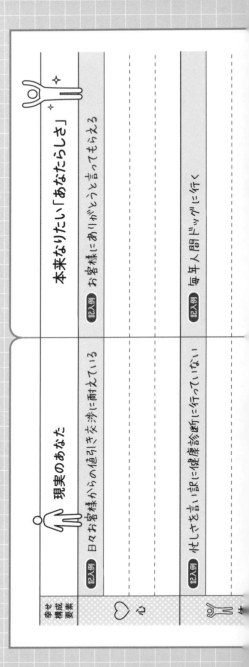

幸せ構成要素	現実のあなた	本来なりたい「あなたらしさ」
心	記入例 日々お客様からの値引き交渉に耐えている	記入例 お客様にありがとうと言ってもらえる
体	記入例 忙しさを言い訳に健康診断に行っていない	記入例 毎年人間ドックに行く

	記入例	記入例
📖 知識	10年間自分に成長を感じていない	新たな領域のセミナーに参加する
🕐 時間	30代の頃のような体力が無い	自分が居なくても回る仕組みをつくる
つながり	いつも同じメンバーとしか話をしない	異業種交流会に参加する
お金	ここ数年、賃上げしていない	自分と従業員の給料を上げる

頑張りすぎないために ゴール(売上目標)を決めよう
(会社と経営者の定量目標)

「売上高」は「客数」×「客単価」の組み合わせです。売上高を上げる場合、客数を伸ばすか、客単価を上げるのか、2択しかありません。

「客数」については、「新規顧客(リピーター)」の組み合わせがあります。人口減少、労働人口減少の日本にあって、新規顧客数を伸ばし続けることは非常に困難です。もし、市場を海外にも広げる場合には、新規顧客は拡がる可能性があります。また、「新規顧客(リピーター)」を獲得するよりコストがかかります。アメリカの有名コンサルタントフレデリック・F・ライクヘルド氏の調査「新規のお客様を獲得するには、リピーターのお客様の5倍のコストがかかる」(1:5の法則)が知られています。一方で、「既存顧客(リピーター)」は事業を安定的に伸ばすのに絶対に必要です。

「売上高」は「客数」と「客単価」と「購入点数」の組み合わせです。小さな会社が選ぶべきは、客数を伸ばすビジネスよりも、客単価を伸ばすビジネスです。高単価、複数購入点数を狙っていくことが重要です。社内資源(ヒト・モノ・カネ・情報)が乏しい小さな会社には薄利多売は向きません。また、昨今の原材料高、人件費高などで、薄利多売が成り立たなくなりました。商品がなぜ高いのか、商品の製造の背景、作り手の想いやこだわりをしっかりと伝えて高単価を狙います。

「ご一緒にポテトはいかがですか?」でおなじみのマクドナルドの販売手法は、複数購入点数を促す声掛けです。あなたの会社も1点買ってもらって満足することなく「ご一緒に○○はいかがですか?」と必ず声掛けることで、売上が上がっていきます。

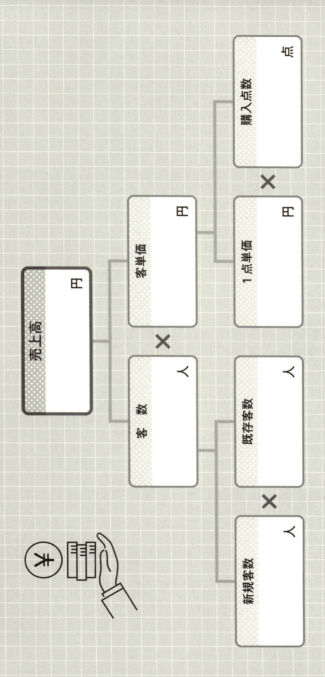

ワーク

どんな従業員に育ってほしいか ゴールを決めよう
（従業員の定性・定量目標）

入社間もないのに、ベテラン従業員と同じように能力を新入社員に求めてしまい、新入社員が自信を無くして退職してしまうケースが後を絶ちません。

また、長期間勤務している従業員は「自分は成長しているのか」「今後、自分はどう成長していけるのか」と不安になっています。

厳密な管理は難しいかもしれませんが、経験年数ごとに求めるゴール（知識、技術、人間性）を明確にしましょう。また、定期的な従業員に求めるものを明確にしましょう。また、定期的なフィードバックで評価を受けることで従業員は自信を持たせることが大切です。評価は「学んだ」、「できる」、「安定的にできる」、「人に教えられる」の4段階で、4分割されたのを1つずつ塗りつぶしていくことで、従業員の現在の状態がわかります。

マネージャークラスについては、十分にマネジメント業務の教育がなされないまま、スタッフクラスの仕事を続けてい

る人が非常に多いです。待遇を上げる分、会社が求めるマネージャーの役割を明確にする必要があります。とくに、プレーヤーとして働く時間の割合と、マネージャーとして他の従業員や仕事を管理する業務の時間の割合を明確に分けることが重要です。経験を積むと、他の人に教えるより自分でやったほうが、仕事が早いに決まっています。ただ、それではその人は育ちません。チームと個人の売上目標設定をする際にも、仕事の負荷に応じて設定を変えていくことが重要です。

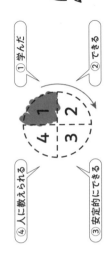

- ① 学んだ
- ② できる
- ③ 安定的にできる
- ④ 人に教えられる

OK!
1年目スタッフ

ゴール設定（キャリアパス）

		知識		技術		人間性
スタッフ	記入例 3年目	計数管理の基礎知識修得（簿記2・3級取得）	4/1/3/2	菓子製造技能士2級取得	4/1/3/2	報・連・相の徹底
	年目		4/1/3/2		4/1/3/2	
	年目		4/1/3/2		4/1/3/2	
	年目		4/1/3/2		4/1/3/2	
	年目		4/1/3/2		4/1/3/2	
	年目		4/1/3/2		4/1/3/2	
マネージャー	記入例 8年目	原価計算の基礎知識修得（簿記2級取得）	4/1/3/2	菓子製造技能士1級取得	4/1/3/2	ハラスメントの防止
	年目		4/1/3/2		4/1/3/2	
	年目		4/1/3/2		4/1/3/2	
	年目		4/1/3/2		4/1/3/2	
	年目		4/1/3/2		4/1/3/2	
	年目		4/1/3/2		4/1/3/2	

第 **3** 章

"らしさ"
ブランディングが
価値を引き上げる

３つのステップで
ブランドがあなたらしく輝きだす

4割値上げに見合うビジネスは
"らしさ"ブランディングで実現する

　この本で一番あなたに伝えたいことは、「まず4割値上げして、4割値上げに見合った会社にビジネスを変えていくこと」です。4割値上げは「やる！」と、覚悟さえ決まれば、4割値上げした値札を付け変えるだけなので、なんとかできます。しかしながら、多くの会社は「4割値上げに見合った会社にビジネスを変えていく」ところで躓きます。これまでやってきたことと違うことをしなければならないので、心身ともに疲れるからです。従業員や他の役員がいる場合には、「すぐに給与が上がるわけでもなく、仕事が増えるだけだ」と、嫌悪感を持ち、反発も受けます。

　「4割値上げに見合った会社にビジネスを変えていく」ために必要なのが、ブランディングです。しかし、多くの方が抱くブランディングのイメージは「大企業がやるもの」「カッコつけるもの」「表面だけ見栄えを良くして中身がスカスカなもの」であり、自分とは関係ないと思っています。「ブランディング」が大企業のものだとすれば、「"らしさ"ブランディング」は小さな会社のものなのです。

ブランディングとは何か

　あなたはブランドにどんなイメージをお持ちでしょうか？

　「高級品」「輸入品」「お洒落」など、希少価値が高いイメージを思い浮かべる方が多いでしょうか？　私がコンサル現場で、小さな

会社の経営者とお話していると、「ブランド＝ブランド物」というイメージをもっている方に多く出会います。ここでの「ブランド物」とは、「中身が実情に合ってなくてスカスカなのにパッケージなどが無駄に豪華で、原価も無視して高値でだましている物」のような、非常に悪いイメージで使われていると感じています。

「うちには関係ないよ」
「大企業がやるやつでしょ」
「うちみたいな小さい会社が
　ブランドなんて恥ずかしいよ」

「ブランドづくりをやりましょう」と経営者に伝えると、ほとんどの経営者がこのような拒絶反応を示します。この本での「ブランド」とは、「お客様に自社や自社の商品・サービスを他社と区別させる印」です。そもそものブランドの語源は、古い北欧の言葉「BRANDR」で、牛に焼き印を付け、自分の牛が他の人の牛と間違わないようにしていた印です。「他社と区別させる印」を作るものだと考え直してみてください、と経営者に伝えると拒絶反応が徐々に解かれ、渋々始めてくださる経営者が増えます。

この本での「ブランディング」とは、自社の想いやストーリーがお客様に認知・理解・記憶され、お客様の「共感・感動・応援」を巻き起こし、自社を支持・行動してくれる人を増やす活動でのことを言います。「自社の想いやストーリー」を見つけるために「棚卸」をします。「認知・理解・記憶してもらう」ために「トリセツ」を作ります。『お客様の「共感・感動・応援」を巻き起こし、自社を支持・

行動してくれる人を増やす活動』を活性化するために、「トリセツ」と「エンターテイメント」を組み合わせて「発信」を行います。

ブランディングとは何か

ブランド

お客様に
自社や自社の商品・
サービスを
他社と区別させる**印**

ブランディング

自社の想いやストーリーが
お客様に**認知・理解・記憶**され、
お客様の「**共感・感動・応援**」を
巻き起こし、**自社を支持・行動
してくれる人**を増やす活動

「"らしさ"ブランディング」を叶える3ステップ

あなたらしく生きるためのゴールに向けて、「"らしさ"ブランディング」に取り組みましょう。「"らしさ"ブランディング」は「棚卸」「トリセツ」「発信」の3ステップで構成されています。

「棚卸」には、「あなた」の棚卸と、それをさらに進化させる「あなた×お客様」の棚卸という2つの要素があります。「あなたの棚卸」は、過去、現在、未来を時系列に並べ、経営者がどんな経験をして、どんな思いを持って現在の活動をしているのか。また、将来どのような未来を描いているのか、明確にしていきます。「あなた

らしさ」で生きていければよいのですが、経営環境の劇的な変化の中で、「ガラパゴス化経営者」は生き残ることが困難です。「ガラパゴス化経営者」とは、外部環境から隔離されて、独自すぎる進化を遂げて成長が止まっている経営者のことです。グローバル化、ボーダーレス化の時代にあって、ガラパゴス経営者が「あなたらしさ」だけで生き残れる時代は残念ながら終わっています。そこで、「あなた×お客様」の棚卸を通じて、経営を取り巻く厳しい環境の中で生き抜くためにお客様の「共感・感動・応援」と「メリット」を取り込んだ「あなた」に進化させます。「共感・感動・応援」は、「わ〜！」「へ〜！」とお客様からあなたに言ってもらえるもの。「メリット」はお客様自身が心の底から「じわ〜っと」幸せを感じるものです。

　「トリセツ」とは、取扱説明書の略で、商品や機械などをどのように取り扱うのか説明したものです。この本におけるトリセツとは、ブランディングを円滑に進めるための説明書です。トリセツには、「社内トリセツ」と「社外トリセツ」の2つの要素があります。「社内トリセツ」は、「棚卸」によって導かれた「自社の想いやストーリー」を経営者や従業員が深く理解し、行動に落とし込み、結束を高めるための土台づくりです。「社外トリセツ」は、『自社の想いやストーリーがお客様に認知・理解・記憶され、お客様の「共感・感動・応援」を巻き起こし、自社を支持・行動してくれる人を増やす』ために、用意する「あなたの会社の取扱説明書」です。

　「発信」は、お客様との接点である「タッチポイント」に「トリセツ」とあなた“らしい”「エンターテイメント」を組み合わせた仕掛けをしていくことです。

第3章 "らしさ"ブランディングが価値を引き上げる 〜3つのステップでブランドがあなたらしく輝きだす〜

> **ステップ ❶ 棚 卸** | 経営に「あなたらしさ」を取り戻す！

あなたの歴史や思いから
ビジネスが生まれる

「私は海外経験もないし、特別な経験もありません。私に他と違う何かを提供できるのでしょうか」という不安を口にする方が多くいます。しかしながら、生まれ育った環境、これまでに人生で見てきたこと、感じたこと、考えたことがまったく同じクローンのような人はこの世の中には存在しません。あなたは唯一無二で、とても尊い存在です。自信を持って、あなたが商売に掛ける熱い思いをビジネス化していきましょう。

エステサロンの経営者のAさんは、地方出身です。結婚を機に退職し上京しました。出産を経て子育てに明け暮れているときに、義父母が倒れました。頼れる知人友人もほとんどいない中で、子育てと介護で記憶が無いほど忙しい日々が続きました。子供が中学生になって、やっと手が離れてきたなぁ、と感じていたある日、鏡にうつった自分のやつれている姿に愕然としました。気分転換に行ったスーパー銭湯でエステサロンの期間限定出張ブースを見つけ、お試しエステを体験してみると、とても気分が良くなりました。その後、Aさんはそのサロンに通い始めます。エステの施術中にAさんの身の上話をしているうちにエステサロンの経営者から、あなたのような経験を持った人に施術を受けたらみんなが幸せになるのではと、スカウトを受けて、Aさんはサロンで修行したのち独立しました。Aさ

んの開業したエステサロンでは単に肌を綺麗にするだけではなく、Aさんがお客様の悩みにも寄り添うことで、外側からも内側からも美しくなるサロン経営を実現しています。毎月Aさんに会うのを楽しみにしてくれているお客様に支えられて経営を続けています。

あなたらしさは「きかんしゃトーマス」に学べ！

　イギリスの幼児向けのアニメ「きかんしゃトーマス」をご存じでしょうか？

　はじめは、機関車にリアルな顔がついていて気味が悪いアニメだと思いましたが、子供が飽きずに夢中になっている姿を見て、愛着が湧いてきて私も好きになりました。ただ、観ているうちに、子供レベルではない強い社会メッセージが込められたアニメだと気がつきました。あなたはあなたらしく生きればよいという、ビジネスに最も重要な視点が詰まっていました。そのメッセージは、エンディングテーマにも強く表れています。

> たくさんならんだ　じょうききかんしゃ♪
> どれもカラフル　　とてもパワフル♪
> それぞれちがった　ちからあわせて♪
> みんながんばれ　　きかんしゃたち♪

　主人公のトーマスは、ソドー島で働く小さい蒸気機関車です。大きな機関車のゴードンは馬力があり、沢山の乗客を乗せた急行列

車を引っ張っていて自信満々で、いつも小さなトーマスをバカにしています。ある日トーマスが、「僕だってできるところを見せてやる！」と、自分の力に見合わない急行列車を引っ張りますが、ゴードンのような速いスピードでは走れず、列車の運行ダイヤに乱れが生じてしまいました。ソドー鉄道の局長のトップハムハット卿に「鉄道に混乱と遅れが生じた！」とトーマスは怒られます。ソドー鉄道は安全で運行ダイヤが乱れないことを大切にしています。トーマスはさまざまなキャラクターが出てきますが、それぞれに強み弱みがあり、無理せずお互いが助け合いながら働くことが求められています。

　「きかんしゃトーマス」は、2019年から国連とタッグを組み、ジェンダーレスや人権配慮に取り組み始めました。登場キャラクターに黒人やアジア人が増えました。また、メインのメンバーも女の子が増えて、キャラクターの男女の割合が半々となりました。機関車のアニメは男の子のものだという決めつけが無くなったことで、女の子の視聴者が急増したそうです。国籍や性別、能力に自信を持って、わたし"らしく"生きていい。「きかんしゃトーマス」から経営に大切なことをたくさん学ぶことができます。

特別な何かにならなくていい、武器はあなたらしさ

　私が中小企業診断士の国家資格を取得してすぐに、知り合いから先輩女性コンサルタントCさんを紹介されました。Cさんに自己紹介を済ませると、Cさんが開口一番に、「ねえあなた、その恰好って普段してる服装？　全然似合ってないけど」と言われました。私はそ

の日、普段着ないような全身真っ黒のスーツに白いシャツ、黒いパンプスを履いて、その方に会いに行っていました。コンサルタントになってから「恥をかきたくない」「経験が無いと見下されたくない」「コンサルタントらしく見られなければならない」という必死の思いでした。「いえ、着たことないし、似合っていないスーツを着てて最強に苦しいです」と伝えました。Cさんから、「あなたの経歴は絶対他にないんだから、あなたらしい恰好にしなさいよ」と、言われました。その時、ガチガチだった体から、スーッと力が抜けるのを感じました。その日以来、私はコンサルタントとしては、空気を読まない自分の好きなファッションで日々仕事に行っています。スーツもジャケットも、ほとんど着ません。「ずいぶん個性的ですね」と嫌味ギリギリなことも良く言われますが、ビジネスの会合に出ると、皆さんカラスのように真っ黒なスーツを着た方ばかりで、一度に100枚近く名刺交換をしてもほとんど誰が誰だか記憶がありません。一方で、相手の方は私のことを必ず覚えてくれています。個性や服装は大事だなと実感します。

あなたのことは、 あなたの周りに聞こう

　私が学生時代、ファッション業界の進路に進んだきっかけは、高校の家庭科のD先生からのアドバイスでした。ある日、家庭科の授業の後、D先生から呼び出されました。「あなた将来は何になりたいの？」と聞かれて、「栄養士です！」と、答えました。野球が大好きだったので、将来は野球選手の栄養管理ができるような栄養士に

なりたいという安易な考えでした。しかし、D先生からは、「あなたほど器用で裁縫が得意な生徒は見たことが無いわ、洋裁の道に進んだらどうかしら」と、言われました。私は教室に戻り、クラスメイト達にD先生から言われたことを伝えると、「え？そのつもりじゃなかったの？」とクラスメイト達が口を揃えて言ってきました。私は普段から自分で洋服を縫って、自分で着ていました。また、家庭科の洋裁の授業でも一番に作業が終わり、先生のデモンストレーションは必ず私のサンプルを使って私の机で行われていたのを周りは見ていたのです。私にとっては青天の霹靂でしたが、周りの友人は私の特性を理解してくれていて、理解していないのは自分だけでした。

　また、留学先のフランスの専門学校では、多国籍のクラスメイトたちから「ユカは先生になったほうがいい」といつも言われていました。学校の授業は非常にハイレベルで、ハイスピードで行われていました。私は必ず一番前の席を陣取り、自分が理解できるまで先生を質問攻めにしていました。フランス人の先生からは「こんなに質問攻めにする生徒はこれまで居なかった」と言われるほどでした。日本の専門学校では解決できなかった技術的な疑問が沢山あり、それをすべて解決したいと、並々ならぬ意欲で留学していたからです。そして、私は学んだことをすべてノートにまとめて、振り返りができるようにしていました。詳細までビッチリと書かれたノートにクラスメイトが群がり、授業中や授業後に私が生徒から質問攻めにあい、私が生徒に説明をしていたのです。多国籍のクラスメイトにとっては、フランス語も技術も理解することが難しかったため、簡単なフランス語を使う私の説明がとてもわかりやすかったようです。私は短期間に、「学ぶというインプット」と、「教えるというアウ

トプット」が一度にできていたので、留学中に飛躍的に成長することができました。また、難しいことを簡単に伝えるという、今の私のコンサルタントとしてのスキルの基礎を身に付けることができました。その当時は自分が先生になるとは想像もつきませんでしたが、私は今、大学や組織に対し、教鞭をとっています。

ワーク

あなたらしさを見つける、
6つのワーク

ここでは、あなたらしさを見つける6つのワークに挑戦してください。
1つ目のワーク「山あり谷ありグラフ」は、これまであなたの人生で
起きたできごとに対して、あなたが何を考え、行動してきたのか、
時系列にグラフ化していきます。あなたの人生を可視化することで、
あなたの「特徴」や「価値観」が明らかになります。縦軸は「人
生のプラスとマイナスの変化」、横軸は「年齢」を示しています。
プラスの事象は、あなたの人生に「やりがい」「充実」「出会い」「発
見」「周囲からの高い評価」など、笑顔をもたらしたことです。マ
イナスの事象は、あなたの人生に「喪失」「失敗」「別れ」「孤独」「周
囲からの低い評価」など、怒りや悲しみの気持ちをもたらしたこと
です。あなたが生まれてから、幼少期、小中高、大学、専門学校
などの学生時代、社会人、独立前、独立後など、現在地点まで
時系列に直感的にプラスかマイナスに線を引いていきましょう。ま
た、その線の山や谷のポイントには、必ずあなたの記憶に深く刻ま
れた「できごと」があるはずです。グラフに吹き出しを書き、その
中に「できごと」や「あなたの感情や行動」を書き込んでください。
また、現在地点から将来にかけては、見通しや希望の線を書き、
そこで起こると予想される「できごと」や「あなたの感情や行動」
を吹き出しに書き込んでください。

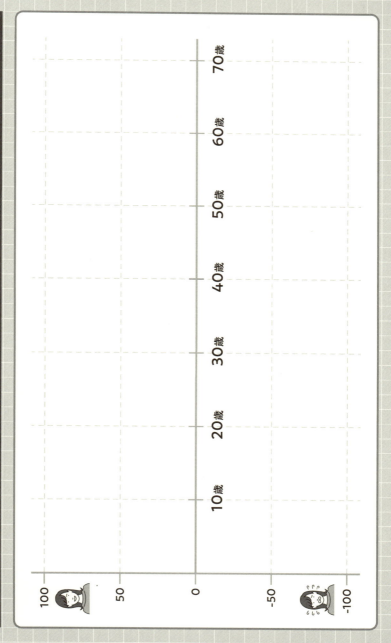

ワーク 1　山あり谷ありグラフ

山あり谷ありシート　記入例

ワーク②

感情	番号	できごと	あなたの感情や行動
	①	日本全国空手 成績 No.1で表彰される	やりたくない仕事だったが、先輩から声を掛けられ、いやいやエントリーしました。予習や復習したりして工夫を重ね、自分が貢献したかった。企業に就職できた人が羨ましいのと、自分の立場に受け入れられない思いをそんな悪くないと思うようになった。
	②		
	③		
	④		
	⑤		
	①	就職・面接が希望の希望に就けなかった。	100社もエントリーを書いて、自棄になってしまった。途中からやめたい。焦りから他人のために就職に気楽に就けばいいのかな。いつのがわからなくなり、自分自身を見失ってしまった。
	②		
	③		
	④		
	⑤		

2つ目のワーク「山あり谷ありシート」は、「山あり谷ありグラフ」で書き出したそれぞれの「できごと」と「あなたの感情や行動」を記載します。「できごと」に対して「なぜそう感じたのか、なぜそのような行動をしたのか」を深掘りするものです。「山あり谷ありシート」を記入することにより、事象に対するあなたのこれまでの考えや行動の傾向が顕在化します。また、現在地点から未来にかけては、起こると予想される「できごと」に対して、「どのような感情や行動をするのか」を記入してください。

116

ワーク2

山あり谷ありシート

感情	番号	できごと	あなたの感情や行動
	①		
	②		
	③		
	④		
	⑤		
	①		
	②		
	③		
	④		
	⑤		

117

ここからは、[山あり合あいグラフ]と[山あり合あいシート]を俯瞰し、これまでの行動の考え方や傾向から、[性格特性][価値観][能力][意欲]を顕在化させていきます。

3つ目のワーク[性格特徴グラフ]は、あなたの性格を[外向性][調和性][誠実性][神経症的傾向][経験への開放性]の5つの要素に分解し、それぞれの要素の[特徴]の強弱をグラフ化します。[特徴]がわかることで、仕事の向き不向き、仕事に対する姿勢などが見えるようにします。

[特徴]は、あなたが[他人と比較して良くも悪くも目立つ点]です。アメリカの心理学者ルイスゴールドバーグが提唱した[ビッグ・ファイブ理論]では、人間の性格特性を[外向性][調和性][誠実性][神経症的傾向][経験への開放性]の5要素に分け、さらに発展した[コスタ&マックレー]モデルでは、人間の性格特性の傾向を図表のように示しています。[特徴]に優劣があるわけではなく、あくまでもその傾向が強いか弱いのかを明らかにするものです。また、自分が感じている[特徴]と外部から感じられている[特徴]には違いがあります。[社交性が低いから強くしなければいけない]というものではなく、[社交性が低い]ことを自らが理解し、どのようなサポート事象が起きた際に、どのように立ち振る舞いをしていくのか、どのようなサポートを周囲に求めるかなど、未来に活かしていくために把握するものです。

ビッグ・ファイブ理論コスタ&マックレーモデル

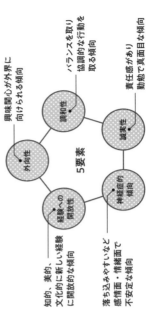

知的、美的、文化的に新しい経験に開放的な傾向

興味関心が外界に向けられる傾向

バランスを取り協調的な行動を取る傾向

責任感があり勤勉で真面目な傾向

落ち込みやすいなど感情面・情緒面で不安定な傾向

ビッグ・ファイブ理論から導く性格特徴

性格特徴 ⊖マイナス	性格特徴 ⊕プラス	低い	5要素	高い	性格特徴 ⊕プラス	性格特徴 ⊖マイナス
消極的 適応能力が低い 感情表現が苦手	集中力が高い 思慮深い 人間関係が深い	内向的	外向性	社交的	積極的 人脈が豊か 発信力がある	八方美人 人間関係が浅い 強引
空気が読めない のんびり 他人に興味がない	おおらか 楽観的 独創性が高い	マイペース	調和性	協調的	人間関係が良好 傾聴力がある 利他的	自己主張が苦手 周りの意見に流される 受け身
わがまま ずさん 嘘をつく	柔軟性がある 自由奔放 アドリブが利く	無責任	誠実性	責任感が強い	礼儀正しい 忍耐力が高い 信頼を得やすい	冗談が通じない 融通がきかない 視野が狭い
危機管理能力が低い 鈍感 他人に厳しい	ポジティブ思考 成功しやすい 心身ともに健康	ストレスに強い	神経症的傾向	ストレスに弱い	空気を読む 洞察力がある 危機管理能力が高い	情緒不安定 ネガティブ思考 体調を崩しやすい
視野が狭い アイデアが乏しい チャンスを逃がす	独自の世界観を持つ 他人に惑わされない 冷静沈着	無関心	経験への開放性	好奇心旺盛	探求心が強い 物知りで話が面白い フットワークが軽い	周りが見えなくなる 器用貧乏 飽きっぽい

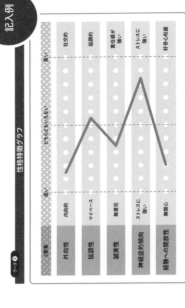

記入例

あなたの「性格特徴グラフ」を家族や友人に見せてみてください。「確かに！」と納得してもらえる点と「え？そうだったの？」と意外に思われる点があります。自分が思っている姿と周りから見えている姿は違います。プラスの特徴を周りに気づいてもらえている場合、あなたはあなたらしい特徴を活かしていて、苦しむことなく生き生きと輝きながら働くことができているはずです。プラスの特徴を周りに気づいてもらえていない場合、プラス要素がまだ弱いか、自己主張が足りない可能性があります。プラス要素が弱い場合には、プラスの要素を磨き上げて強くしていく必要があるかもしれません。また、自己主張が足りない場合には、「私は○○が得意だ」と、周りにアピールすることで、気がついてもらうことができて、新しい仕事や、やりたかった仕事が舞い込むかもしれません。マイナスの特徴を周りに気がつかれている場合、あなたは苦しくなく、周りに迷惑をかけていなければ特段問題ありません。あなたがどのように対処しているのか考えてみることが大切です。また、周りがあなたのマイナスの特徴で困っていたり、迷惑を受けたりしている場合は、良好な人間関係を構築するために改善や工夫が必要になります。また、マイナスの特徴を周りに気がつかれていない場合、あなたがマイナスだと気にするほどでもないいマイナス特徴が非常に弱い状態か、あなたが上手にマイナス特徴をカバーする工夫ができています。従業員がいる場合には、お互いのグラフを並べてみると、個々の得手不得手が見えてきます。誰に何の仕事を頼むのか、適材適所な人材配置が組めるようになります。

ワーク3

性格特徴グラフ

5要素	低い			どちらともいえない			高い	
外向性	内向的	● ● ●	● ●	● ● ●	● ●	● ● ●	●	社交的
協調性	マイペース	● ● ●	● ●	● ● ●	● ●	● ● ●	●	協調的
誠実性	無責任	● ● ●	● ●	● ● ●	● ●	● ● ●	●	責任感が強い
神経症的傾向	ストレスに強い	● ● ●	● ●	● ● ●	● ●	● ● ●	●	ストレスに弱い
経験への開放性	無関心	● ● ●	● ●	● ● ●	● ●	● ● ●	●	好奇心旺盛

ドナルド・E・スーパー「14の労働価値」

① 能力の活用 自分の能力を発揮できること

② 達成 良い結果が生まれたという実感

③ 美的追求 美しいものを創りだせること

④ 愛他性 人の役に立てること

⑤ 自律性 自律できること

⑥ 創造性 新しいものや考え方を創りだせること

⑦ 経済的価値 たくさんのお金を稼ぎ、高水準の生活を送れること

⑧ ライフスタイル 自分の望むペース、生活ができること

⑨ 身体的活動 身体を動かす機会が持てること

⑩ 社会的評価 社会に仕事の成果を認めてもらえること

⑪ 危険性、冒険性 わくわくするような体験ができること

⑫ 社会的交流性 いろいろな人と接点を持ちながら仕事ができること

⑬ 多様性 多様な活動ができること

⑭ 環境 仕事環境が心地よいこと

4つ目のワーク「あなたの価値感シート」は、労働に対してあなたがどんな「価値観」に重きを置いているかを見えるかする「価値観」は、あなたの「物事への考え方の基準」です。アメリカの教育学者ドナルド・E・スーパーが提唱した「14の労働価値」では、労働に対する価値観が14種類示されています。

「価値観」

122

「14の労働価値」の中から、あなたが重視する価値を3つ、重視する順番に並べてください。また、それを選んだ理由も記入してください。従業員も同様にワークを行い、シートを並べてみると、人それぞれが重要だと考えるものが異なることに気がつくはずです。経営者と従業員のお互いの

「価値観」の押し付け合いをしていては、苦しくなるだけです。お互いが重視する「価値観」を理解した上で、お互いの働き甲斐、生き甲斐を高めていくにはどうしたらよいのか、考えていくことが大切です。

ワーク❹　あなたが重視する価値観シート

あなたの労働価値ランキング	なぜ選んだのか
①	
②	
③	

ワーク

5つ目のワーク「能力×意欲シート」は、「山あり谷ありグラフ」と「山あり谷ありシート」を俯瞰し、これまでの行動の考え方や傾向から、「性格特性」「価値観」を導き出した後に、仕事における「できること」「できないこと」の能力と、「やりたいこと」「やりたくないこと」の意欲を明確化します。それぞれの項目に10個ずつ書き入れてください。
このワークは、各項目も大切ですが、「能力」と「意欲」を掛け合わせることで、あなたの今後の仕事の取り組むべきことが見えてきます。

「できること」	✕	「やりたいこと」

　あなたが一番楽に能力を発揮できることです。「できること」と「やりたいこと」だけで生きていければ幸せです。しかしながら、これはすでに取り組んでいる可能性が高く、それでも事業が軌道に乗っていない場合には、「できないこと」や「やりたくないこと」に目を向けてみる可能性があります。私の経験では、「できること」と「やりたいこと」だけやっていると飽きてしまい、人間成長しないと感じています。私はモノづくりが大好きで、必死に勉強してベルギーで憧れのブランドに就職して働くことができました。新入社員のうちは、すべてが挑戦の日々でしたが、ルーティン化してきたときに、「飽き」と「成長していないこと」への不安を大きく抱くようになりました。上司には「もっとコレがやりたい」「もっとアレがやりたい」と訴え続けましたが、実現することはありませんでした。雇われの身は、言われたことをやるのが仕事です。何でも挑戦させてくれる会社はそう多くはありません。日本では、「スーパーのレジ係だった女性が、マネージャー、エリアマネージャーと昇格して、なんと社長になってしまった」のような、シンデレラストーリーをメディアで見かけますが、海外では、最低賃金に近い「スーパーのレジ係」は一生「スーパーのレジ係」です。「スーパーのレジ係」を脱しようとすれば、大学の学士や専門的な資格を得るなど、社外で自らの評価を自らが上げていかない限り、人生が変わることはほとんどありません。私は日本人の感覚で、社内でやりたいことを広げていこうと考えていましたが、それが極めて不可能であることに気がつきました。そこで、新たな仕事の領域を模索するために帰国しました。

「できること」 「やりたくないこと」

　できるのにやらないのは宝の持ち腐れになっている可能性があります。しかしながら『【ワーク】あなたらしく生きるためのゴール（経営者の定性目標）』で、設定したゴールを達成するために必要な仕事であれば、「やりたくないこと」に挑戦してみてください。苦しくて体調を崩すようなものであれば無理をして「やりたくないこと」をやる必要はありません。ただ、思考停止して何もやらないことは避けたいため、あなたが「やりたくないこと」をやらずに、あなたらしい人生のゴールにたどり着くにはどうしたらよいかを考える必要があります。私はコンサルタントの駆け出しの頃に、コンサルタントの恩師から仕事を得たければ「来るもの拒まず去るもの追え」と教わり、必死でやりたくない仕事もやってきました。実績も増え、仕事もたくさん頂くことができるようになりました。しかしながら、「この仕事はやりたくない」「この人とは一緒に仕事をしたくない」と思うことが増えてきて、苦しくなってしまうことが増えました。私は「縛られず自由であること」を重要視しているため、今は、「やりたくないこと」をやらなくて済むように、「できないこと」で「やりたいこと」を増やすことに挑戦しています。

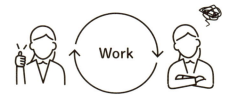

ワーク

「できないこと」 「やりたいこと」

　やりたいという意欲があれば、できないことをできるようになる努力ができるはずです。

　私がパリの専門学校にいた頃、フランス人の恩師から教わったことで一番記憶に残っていることがあります。それは、仕事で「できるか？」と聞かれたら、絶対に「できます！」と答えるということです。「できます！」と答えてから必死に調べて、必死に練習すればできるようになるというのです。パリの専門学校在学中に、ベルギーの会社の面接機会を得て、TGV（高速列車）でパリからベルギーに移動して、ベルギーで就職面接を受けました。面接官はフランス語が堪能だったため、面接はフランス語で行われました。途中で「あなたは英語ができますか？」と聞かれて、まったくしゃべれないのに「できます！」と答えました。ベルギーの職場の従業員は多国籍で、社内の共通言語が英語だったのです。フランス語は大学時代に「留学したい」と必死に勉強したのでできるようになっていましたが、英語はサッパリわかりません。でも、絶対就職したいという思いから「できます！」と答え、「昔は英語ができたんだけど、パリでフランス語しか話さなくなったら忘れてしまった。慣れれば思い出します」とウソをつきました。日本の大学時代から就職したいと熱望していた会社です。何が何でも受かりたい一心でした。面接官も「それだけフランス語が流暢なんだから、英語もきっとすぐ戻るね」なんて上手く騙されてくれ、就職することができました。就職してからは仕事の後に英語の語学学校に週2回通い、恥をかいても同僚と英語で話し、足しげく映画館に通い英語の映画を見ることで、1年もしないうちに英語で支障をきたさず仕事ができるようになりました。勢いに乗って、仕事で必要なオランダ語とイタリア語も学び、5年後には、フランス語、英語、オランダ語、イタリア語も使いこなすことができるようになりました。高校3年生の夏の英語の偏差値が35で赤点常連、担任の先生から「語学がまったくできない」と烙印を押されていた私が、ベルギーで多国語をしゃべるようになるとは夢にも思いませんでした。今では、クライアントに迷惑が掛かっては困るので、「できないこと」を「できます！」とは言わなくなりましたが、専門学校の恩師の「できないことも必死でやればできるようになる」という教えは私の魂に刻まれています。

「できないこと」 ✕ 「やりたくないこと」

　克服するのが一番難しい領域ですが、最近ではこれに取り組まないと会社が生き残れないケースが増えています。とくに多いのが下記3点です。

1. 営業活動の強化

　私のクライアントで多いのは、製造と販売のバランスである「製販バランス」が製造に大きく傾いている会社です。良い商品を作ったり仕入れたりするのが上手だけれども販売するのが苦手な経営者は経営に苦戦します。販売は相手に頭を下げて「買ってください」とお願いしなければならないからです。「社交的ではない」「プライドが高い」「良いものは勝手に売れると本気で信じている」ような方々が多い傾向です。商品サービスは当然ながら売らなければ売上になりません。このような経営者は「モノ売り」の傾向があります。「モノ売り」の対極にある「"らしさ"ブランディング」の売り方で「お客様に共感・感動・応援を巻き起こし、幸せやメリットを提供し、お客様を笑顔にした結果、自然に商品が売れてしまう売り方」に挑戦していただきたいものです。

2. 業務のIT化

　いまだに多くの経営者が連絡ツールを「電話」と「ファックス」で時代を乗り越えていることに驚きます。伝票や発注書、決算書類まで手書きでアナログ管理している会社も驚くほど多いです。行政の申請などもデジタル申請しか受け付けないような時代になってきています。今後さらに人手不足が加速し、業務効率化を図る必要が生まれます。業務のIT化は費用をかけてしっかりと進めていきたいものです。

3. SNSの発信

　多くの経営者はSNSを若者の暇つぶしの遊び道具のようなレベルにしか考えていません。サンプル作成や展示会費用には湯水のように時間やお金を使うのに、SNSなどのIT関連費用となると急に渋りだします。ITがまだ実態がよくわからなくて目に見えないものだと疑っているからです。経営者がIT関連業務への意識改革を行い、業務の優先順位を変えない限り、経営者も従業員も「SNSをやる時間がない」「SNSなんかやってる暇があったら売れる商品を作ったほうが良い」と言い続けて時代遅れの経営を続けることになります。

ワーク5

能力×意欲シート

能力×意欲シート

能力 「できること」

①	
②	
③	
④	
⑤	
⑥	
⑦	
⑧	
⑨	
⑩	

能力 「できないこと」

①	
②	
③	
④	
⑤	
⑥	
⑦	
⑧	
⑨	
⑩	

意欲「やりたくないこと」

① ② ③ ④ ⑤ ⑥ ⑦ ⑧ ⑨ ⑩

意欲「やりたいこと」

① ② ③ ④ ⑤ ⑥ ⑦ ⑧ ⑨ ⑩

あなたらしさを見つける［山あり谷
ありグラフ］［山あり谷ありシート］
［性格特徴グラフ］［あなたが重視
する価値観シート］［能力×意欲シー
ト］を俯瞰して、最後の6つ目のワー
クとして、［あなたのタイムライン］
をまとめていきましょう。過去、現
在、未来を時系列に並べ、あなた
がどんな経験をして、どんな思いを
持って現在の活動をしているのか。
また、将来どのような未来を描いて
いるのか、明確にしていきます。

ワーク⑥　あなたのタイムライン

記入例

過去	現在	未来
地方出身で大自然に囲まれて育った。 大学進学をきっかけに上京。 日用品メーカーに就職し、香料の 開発を行う。 仕事で病気になって入院した時に行った フランスで天然香料に出会う。 天然香料を良い成分に魅了され、生まれ 育った故郷の風景が今は思い出され、 心が洗われる調香師を悩めたい と会社を退社し、フランスに留学。 エステティシャンの資格も取得した。	独立してビジネスをしたいと思うように なり、エステサロンで修行を積んだ。 かかりつけのサロンでお客様の悩みに 応じてオリジナル香料を使い、 独自のハンドマッサージにこだわった エステサービスを考えたいと、東京に エステサロンを開業。	これまで仕事や家族のために 自分を犠牲にしてきた。 「体も心も美しくなりたい」女性たちを 幸せにしたい。 そして、「調香師エステティシャン」の 第一人者になりたい。

ワーク❻

あなたのタイムライン

過去	現在	未来
	↑	↑

131

あなたらしさを
進化させるワーク

タイムラインではあなた自身を「棚卸」しました。このワークでは、あなたを進化させるために、[あなた]とお客様の[共感、感動、応援]を掛け合わせていきます。あなたが、お客様から「わ〜!」「へ〜!」と言ってもらえること、[あなたのタイムライン]から、お客様の[共感、感動、応援]を得られるようなポイントを書き出してみましょう。

すでに事業を営んでいる方は、現状を青ペンで記載し、理想を赤ペンで追記してみましょう。

【地域・社会貢献関連】
◎売上の一部を寄付している
◎車いすでも利用できる
◎地域コミュニティでリーダー的役割を果たしている

【子育て関連】
◎時短レシピの開発
◎孤立した子育てでママを応援する仕組みを構築した
◎子供の食育をサポートしている

【伝統工芸の技術関連】
◎伝統工芸士を極めた
◎生産者のサポートをしている
◎伝統工芸が地域の産業を支えている

【ペット関連】
◎ペットが健康で長生きするグッズを開発した
◎ペットの抜け毛を綺麗に掃除するグッズを開発した
◎ケガをしたペットが歩くことができる補助器具を開発した

【人権・環境配慮関連】
◎これまでは捨てられていた素材を魅力的な商品に展開した
◎環境にやさしいビジネスモデルを構築した
◎多国籍の従業員を採用している

【チャレンジ関連】
◎世界最小、最軽量の商品
◎壮大な夢を持っている
◎大きな失敗をしたが立ち直した

【健康づくり関連】
◎女性の美しさを引き出している
◎アレルギーがあっても食べられるケーキを開発した
◎肥満を解消する健康器具を開発した

【その他】
◎病気を克服した
◎夫婦二人三脚で経営を続けてきた
◎創業100年を超えた

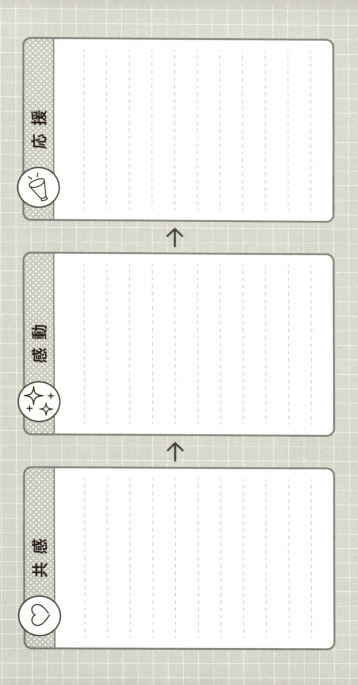

人間はメリットがないと、地蔵のように動きません。あなたをさらに進化させるために、「あなた」と「お客様の メリット」を掛け合わせていきます。お客様が、あなたの商品やサービスによって幸せを感じるようなことです。 「あなたのタイムライン」から、お客様の「メリット」を得られそうなポイントを書き出してみましょう。 すでに事業を営んでいる方は、現状を青ペンで記載し、理想を赤ペンで追記してみましょう。

時間

「タイパ」時代の到来です。時間を重要視する方が増えそうです。あなたの商品サービスでお客様の時間を大切にするアイデアを出しましょう。

知識

「万学の祖」と呼ばれる古代ギリシャの哲学者アリストテレスは「すべての人間は、生まれつき、知ることを欲する」と説いています。人間と動物の違いは、知りたいという探求心だそうです。お客様の「知りたい」という欲求を満たしてあげましょう。

つながり

厚生労働省の予測では、2040年には一人暮らし世帯が4割に達するそうです。家族や仲間が居ても心理的に孤独という人も居ます。夜「8時だよ！全員集合！」と家族全員が集まってテレビを鑑賞するわけではなく、個々がスマホやタブレットなどの端末を持ち、個々が観たいものを観ているのではないでしょうか。孤独を感じている人は、会話や繋がりを求めています。

お金

安売りではなく、適正価格であること、お値打ち価格であることなど、理由さえ伝われば過度な心配は不要です。

心

「話相手がいる」「いつも気にかけてくれる人がいる」「大切にされる」「認められる」「ありがとうと言われる」など、お客様の心を満たすことです。

体

小さな会社の商品サービスは高価格帯となるため、必然的に金銭的に余裕がある30歳以上のお客様が増えていきます。人間は加齢とともに、病気やケガが多くなったり、疲れやすくなったりします。お客様の体を気遣うことが、ビジネスに繋がります。

ワーク②

あなた×お客様のメリット

時間

つながり

心

知識

お金

体

135

小さな会社は「強み」で勝負する

「うちには大した強みがない」
「うちの商品は他社と比べて
　特段優れているわけではない」
「うちはできないことが多くてダメな会社だ」

　会社に訪問すると、ネガティブワードが経営者や従業員の口から噴水のように溢れ出す場面によく遭遇します。3年で7割の企業が倒産するといわれる中、長年経営を続けることができている会社は「強み」の塊です。小さな会社の経営者や従業員はできることよりもできないことに目が向きがちで、経営者や従業員が自ら行っている業務について「当たり前だし、特別な強みではない」と思っています。「やることが当たり前」「できることが当たり前」だと感じてしまうことが多いようです。

　小さな会社は「弱み」よりも「強み」を伸ばすことを重視することが大切です。「弱み」は「強み」の足を引っ張るものに優先順位をつけて克服していきます。

　1985年にハーバード・ビジネススクール教授のマイケル・E・ポーターが著書『競争優位の戦略』の中で提唱した、バリューチェーン（価値連鎖）のフレームワークを活用して、あなたの会社の競争優位の源泉を見える化しましょう。バリューチェーンは主活動と支援活動に分かれます。そして、主活動と支援活動で生み出された商品サービスに利益（マージン）が乗り、お客様に届けられます。

主活動は、商品やサービスがアイデア段階から形となり、お客様の手元に届くまでの直接的な活動です。主活動には、企画、仕入、製造、物流、営業販売、サービスがあります。業種業態によって、主活動のプロセスが異なりますので、あなたの会社のプロセスを当てはめて考えてみましょう。

　支援活動は、主活動がスムーズに進むように裏方で支える間接的な活動です。支援活動には、管理全般（インフラストラクチャー）、人事労務、技術開発、調達があります。

　バリューチェーンの各プロセスにあなたの会社の強みを書き出してみましょう。

「自社の過去と比べてココが進化している」
「他社と比べてココが強い」
「お客様からココが支持されている」

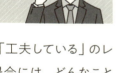

　「強み」と言い切れなくても、「考えている」「工夫している」のレベルでも十分です。何も書き出すことが無い場合には、どんなことを工夫していけそうか考えてみることが大切です。

あなたの会社の強み分析

あなたの会社の強み分析

ワーク

活動	プロセス	強み
支援活動	管理全般（インフラ）	
	人事・労務管理	
	技術開発	
	調　達	

活動	プロセス	強み
主活動	企画	
	仕入	
	製造	
	物流	
	営業販売	
	サービス	
	利益（マージン）	

ステップ ❷ トリセツ	タイパ時代に対応！ 最短で理解できる"らしさ"のまとめ方

トリセツとは何か

トリセツとは、取扱説明書の略で、商品や機械などをどのように取り扱うのか説明したものです。この本のトリセツとは、『自社の想いやストーリーがお客様に認知・理解・記憶され、お客様の「共感・感動・応援」を巻き起こし、自社を支持・行動してくれる人を増やす活動』であるブランディング円滑に進めるための取扱説明書です。あなたの会社や商品・サービスが短時間でわかりやすく正しく伝わるように、「トリセツ」を複数用意します。

現在、皆さんはスマホを毎日当たり前のように操作していますが、20年前にまったく説明もなく、目の前に置かれたとしたら、あなたはスマホが何の機能を持った商品か理解し、操作できたでしょうか。あなたの会社や商品・サービスは20年前のスマホと同じです。あなたの会社や商品・サービスは市場では知られていません。どのような価値があって、どのように正しく使えばいいのかわかっている人はほとんどいません。「見てもらえばわかるだろう」、「触ってもらえばわかるだろう」、「使ってもらえばわかるだろう」は、乱暴な考えです。丁寧に「トリセツ」を作って説明しましょう。

トリセツには、「社内トリセツ」と「社外トリセツ」があります。

「社内トリセツ」は、「経営理念」と「事業コンセプト」の2つです。

「経営理念」は、ミッション（果たすべき使命）、ビジョン（将来の
ありたい姿）、バリュー（価値感・行動指針）で、会社の揺るぎな
い軸となるものです。経営理念はあなたの会社のルールブックで
す。スポーツはルールが存在することで、世界中の人々が文化や言
語が違っても喧嘩をせずに競い合うことができます。多くのスポー
ツはルールに死角があった場合、ルールの改訂をし、より多くのプ
レーヤーが公平にスポーツを楽しめるように進化しています。あな
たの会社にルールはあるでしょうか。また、ルールは常に改善や進
化されているでしょうか。現代社会においては、歳が離れている、
国籍が異なる、社歴が異なる従業員と、「阿吽の呼吸」でトラブル
無く経営をすることは不可能です。会社のルールを明確に示すこと
で、経営者と従業員が気持ちよく業務を遂行することができるよう
になります。「社内トリセツ」は、考えや行動が経営理念の軸から
ぶれなくなるように、経営者や従業員の骨の髄まで浸み込ませるこ
とが大切です。「昔は朝礼で経営理念の唱和やってたんだよ」と言
う経営者に会いますが、マンネリ化し面倒になってやめてしまって
いる会社が多い印象です。経営理念の唱和をやめてしまってから
入社している従業員は経営理念そのものを知らないため、会社の
軸が心身に浸み込んでいません。すべての従業員の始業時間が同
じ場合には、朝礼で経営理念を全員で唱和することが大切です。
シフト勤務などで始業時間が異なる場合にはすべて従業員が目に
する場所に経営理念を張り出すなど、工夫が必要です。経営理念
は、自社HPや会社案内などで対外的に発信していくことも重要で
す。共感や感動を巻き起こし、従業員、取引先やお客様から応援
してもらえる会社となります。

「事業コンセプト」は、会社の事業領域を明確化したものです。事業コンセプトには、どこの（商圏）、だれに（理想のお客様）、なにを（商材）、どのように販売するか(販売方法)、が含まれます。小さな会社は社内資源（ヒト・モノ・カネ・情報）が限られていますので、事業領域を絞り、限られた社内資源を集中していくことが大切です。

「社外トリセツ」は、紙媒体、デジタル媒体、イベント、店舗、商品などで会社からお客様に配布されるツールです。一番重要なことは、どの切り口からみても、あなたの会社"らしい"という金太郎飴のような統一感があることです。

「いいね！コンプレックス」が人生を変えた

経営理念は、事業における「目的」です。商品づくり、売り場づくり、販売促進などは「手段」です。「目的」と「手段」を間違えてしまっている経営者の方がたくさんいます。私もその一人でした。

私は中小企業診断士という難関資格を取得するために必死で勉強しました。やっとの思いで資格を取得したときに、他の中小企業診断士Cさんから、「吉田さんは独立して何をやりたいの？」と言われてハッとしました。「手段」でしかないはずの資格を「目的」化していたことに初めて気がついたのです。私は「えーっと、○○や○○をしたいです」と、その場しのぎのCさんに伝えましたが、「そうなんだ、吉田さんの経験じゃなくてもできそうなことで、何だかもったいないね」と言われました。その後もモヤモヤとしながら、頂

いた仕事を一つずつ始めていた矢先に東日本大震災が発生しました。せっかく頂いた仕事も電車が動かない、地方でガソリンが無いから行けないなど、キャンセルが相次ぎました。仕事がすっかりなくなった私は、ボーっと近所のファミレスに通う日々を過ごしていました。イギリス人の教育者トニーブザン氏が提唱した思考法の表現方法の一つであるマインドマップのセミナーを受けに行ったばかりだったので、私はどういう人間で、どういうことがしたいのか、ひたすらマインドマップを紙に書きなぐりました。私の考えをひたすら発散して、数枚のマインドマップを並べて俯瞰したとき、パズルが組み合わさったように、稲妻が脳みそに落ちてきたような感覚になり、「ああそうか、私はコレがしたかったんだ」と、人生や仕事の目的を見つけました。

　思い返すと、私は非常に恵まれていました。学生時代から、コレがやりたいと決めたときに、金銭面で親のサポートを受けることができました。また、元気で健康に産んでもらった体のおかげで、勉強や仕事を頑張ることができました。そして、私をサポートしてくれる先生や仲間に囲まれました。最大限の努力と運のおかげで大学、専門学校、海外留学、海外での就職と、とんとん拍子で人生を歩んでいきました。その当時は若いなりに、もがき苦しんでいましたが、後から振り返ると、信じられないほどトントン拍子です。フランスで生活するようになってから、EUの25歳未満の失業率は25％程度で、日本の5％前後と比べると圧倒的に高いことを知りました。実際、私の周りの優秀な大卒の方々が、仕事が見つからずにフラフラせざるを得ない状況を見たときに、自分がいかに恵まれているか、実感しました。日本の学生時代から「いいね、大学も専

門学校も行けて」「いいね、就職しなくて留学できて」、フランスの専門学校時代には「いいね、技術もあって語学もできて」、ベルギーで就職してからは「いいね、仕事が見つかって」「いいね、外国人なのに労働許可書が得られて」、日本に帰国してからは、「いいね、すぐに仕事が見つかって」と、「いいね」のシャワーを浴びてきました。もともと、私は自己肯定感が低く、不安の塊でしたが、必死で人より努力し、事前準備することで乗り越えてきました。私がベルギーで就職できた時、そのきっかけを作ってくれた同僚に「私みたいに経験も労働許可書もない人間にチャンスをくれてありがとう」と伝えたとき、同僚から「私は何もしてないわ。ユカは何度も何度も会社に連絡をくれて、アピールをしっかりしてた。私は当然のことをしたまでよ。入社前から新入社員のことをデザイン部門全員が知ってるって考えられないことよ。あなたの努力をみんな知っているから自信をもって」と言われたのが忘れられません。EUでたくさんの才能あるクリエーターに出会いました。彼らはいつも私に自分たちの素晴らしい作品をたくさん見せてくれました。私はいつもその作品を見ると、素晴らしさに感激すると同時に、なぜ私より優秀な人が無職なんだろうと思うようになりました。そして、能力が無い私がお金をもらって働いていることに罪悪感すら覚えていました。今となれば、素晴らしい作品を作る才能と、社会で上手に立ち回る才能は別のものだと理解できますが、若かった私は、自分よりはるかに優秀なクリエーターたちが無職で、凡人の私に仕事があることに、いつも大きな不安とコンプレックスを持っていました。「才能が無いことがバレたらどうしよう」「クビになったらどうしよう」と、いつもハラハラドキドキしながら生活していました。

ファミレスでマインドマップに書きなぐられた私のメモには「いいね」の文字が溢れていて、自分自身が「いいねコンプレックス」だったことに気がついたのです。「いいねコンプレックス」に気がついた時、涙が溢れ出してしまい、お昼のファミレスで恥ずかしい思いをしました。コンサルタントとなって、周りの人を助けたり、応援したり、貢献したりすれば、私は「いいね」とは言われない。国内外で培った、知識技術などの経験を、これからは周りの人のために活用していくことに第二の人生を歩みだそうと思った瞬間でした。自分の軸（目的）が決まってから、とても気が楽になりました。「生きる道しるべ」が決まったからです。

ワーク

社内トリセツ「コンセプトワーク」
～揺るがない軸を決める

あなた自身の棚卸と、あなたとお客様の接点を見つけたあとは、
それを1枚のコンセプトシートにまとめていきましょう。

①経営理念

ミッション　あなたの会社が果たすべき使命　　ビジョン　あなたの会社が将来ありたい姿　　バリュー　あなたの会社の価値観や行動指針

	アサヒビール	JTB	タカラトミー（他社事例）
ミッション	期待を超えるおいしさ、楽しい生活文化の創造	地球を舞台に、人々の交流を創造し、平和で心豊かな社会の実現に貢献する。	アソビへ懸ける品質は、世界を健やかに、賑やかにできる。
ビジョン	高付加価値ブランドを核として成長する"グローカルな価値創造企業"を目指す	地球を舞台に「新」交流時代を切り拓く。	高い品質とクリエイティブ性を持ち、世界中で愛される総合アソビメーカーに成長する。アソビへ懸ける品質は、持続可能なウェルビーイング向上にグローバルで貢献できる。
バリュー	「挑戦と革新」 「最高の品質」 「感動の共有」	「信頼を創る」 「挑戦し続ける」 「笑顔をつなぐ」	「世界をのぞこう。」 「志考しよう。」 「冒険しよう。」 「夢にあがこう。」

②事業コンセプト

[どこの] Where?

あなたの会社が商売をしていきたい商圏です。どこでも売りたいと[世界中に]と、とりあえず記載してしまう経営者が多く見かけられます。「世界中に」と記載する場合には、越境対応できるのか、英語対応できるのかなど、準備ができるのか、また本当にやる気があるのかと考えましょう。事業コンセプトは数年ごとに見直しができますので、ビジネスが成長した段階で世界が視野に入ってくれば、是非「世界中に」と記載してください。

[なにを] What?

あなたの会社が販売する商品・サービスです。「ラーメンを」と、商材の名称だけではなく、「北海道で水揚げされた、とれたての海老から抽出した出汁をベースにした国産小麦のスープと自家製縮れ麺が絶妙に絡み合う、店主のこだわりラーメン」と、冠を付けてあげましょう。

[だれに] Who?

あなたの会社の「理想のお客様」です。最近は、年齢だけで区切る時代ではなく、価値観やライフスタイルでターゲットを設定することが大切です。

[どのように] How?

販売形態には、「ハード面」と「ソフト面」があります。「ハード面」は、店舗、EC、など施設や設備、機器、道具といった有形の販売形態です。「ソフト面」は、カウンセリング、オーダーメード、セルフサービスなど人材や技術、意識、情報といった無形の販売形態です。

147

事例

Aさんの場合

Aさんは、地方出身で大自然に囲まれた環境で育ちました。大学進学をきっかけに上京し、一人暮らしを始めました。大学では化学を専攻し、香料について学びました。同期の多くは食品、日用品、化粧品メーカーに就職しています。Aさんも同様に日用品のメーカーに勤め、洗濯用洗剤、食器用洗剤などあらゆる日用品に添加される香料を作る仕事をしていました。入社後5年も経つと責任のある仕事も増え、研究室に籠りっぱなしの環境にも疲れきっていた頃、長期休暇を利用して訪れた香水の本場フランスのグラースで、天然香料に出会い、魅了されました。天然香料は、自然界の動植物から水蒸気蒸留や果皮圧搾などの方法によって抽出されたものです。その匂いを嗅いだ瞬間、Aさんが育った自然豊かな環境での暮らしが呼び起こされ、新鮮で爽やかな風が吹いたように感じました。Aさんが仕事で作っているのは人工的に化学的手法でつくられた合成香料です。常に安定的に香りを再現できますが、天然香料のようなからだの優しい香りではありません。天然香料は産地や季節や天候条件によって大きく香りが異なるため、調香師によるブレンドが非常に重要な役割を果たしています。

Aさんは調香師の勉強を極めたいと日本の仕事を退職し、グラースに留学することにしました。そしてグラースで5年ぶらさげ、独立してビジネスをしていきたいと思うようになりました。天然香料を瓶に詰めて売るだけでは、すでに流通している会社には勝てないと思い、カウンセリングによりお客様の悩みに応じたオリジナル香料を使ったエステサロンを考えました。帰国後、エステサロンで修行を積み、東京にエステサロンをオープンしました。仕事や家族のために自分を犠牲にしてきた女性の心や体を香りで癒し、自信と美しさを引き出すことのできるエステサロンを経営したいと考えました。東京の自然が無い住環境で、きっとAさんと同じように自然豊かな香りを求めている人がいるはずだと思ったからです。エステサロンは最新美容機器を活用した施術ではなく、人間の手のぬくもりが感じられるハンドマッサージにこだわりました。羽のようなフェザータッチにこだわったハンドマッサージはAさんの名前を付けた「〇〇式マッサージ」とオリジナル性を出しました。お店はグラースがある南仏のコート・ダジュール地方の雰囲気を感じられるような内装で、お客様が落ち着いて過ごせるように完全予約制のプライベートサロンにしました。丁寧なカウンセリングでお客様の深層心理を捉え、その時にお客様が必要とする香りを調香したオリジナルブレンドアロマオイルを作り、〇〇式ハンドマッサージで施術を行います。「調香師エステティシャンの第一人者になりたい」という将来の夢に向かって、日々多忙な目の前のお客様一人ひとりと向き合っています。

Aさんのコンセプトシート

企業理念	ミッション（果たすべき使命）		香りで女性の自信と美しさを引き出す
	ビジョン（将来のありたい姿）		調香師エステティシャンの第一人者
	バリュー（価値観・行動指針）		笑顔・清廉・感動・挑戦・創造
事業コンセプト	どこの		東京都〇〇区周辺
	だれに		これまで仕事や家族のために自分を犠牲にしてきた体も心も美しくなりたい40歳〜60歳の女性
	なにを		個々の悩みに応じた調香師によるオリジナルブレンドアロマオイルをふんだんに使用したフェイシャルとボディマッサージ
	どのように	ハード	プライベートリラクゼーションサロン
		ソフト	丁寧なカウンセリングと独自の〇〇式ハンドマッサージ

あなたのコンセプトシート

企業理念	ミッション (果たすべき使命)	
	ビジョン (将来のありたい姿)	
	バリュー (価値観・行動指針)	
事業 コンセプト	どこの	
	だれに	
	なにを	
	どのように	ハード
		ソフト

ワーク

トリセツチェックシート

『自社の想いやストーリーがお客様に認知・理解・記憶され、お客様の「共感・感動・応援」を巻き起こし、自社を支持・行動してくれる人を増やす活動』を巻き起こすために、あなたの会社や商品・サービスが短時間でわかりやすく正しく伝わる「トリセツ」を作っていきましょう。

トリセツの各項目に、棚卸によって明確になった「自社の想いやストーリー」が反映されていることが大切です。

また、「認知・理解・記憶」されるためにはシンプルでわかりやすく、お客様の「共感・感動・応援」を巻き起こすような感情に訴えかける表現が必要です。

「自社を支持・行動してくれる人を増やす活動」をしてもらいやすくするために、お客様にアクションを起こしてもらうための仕組みを仕込まなければなりません。

ワーク

トリセツチェックシート

カテゴリー	トリセツ	チェック
① ブランド	ロゴ	☐
	キャッチコピー	☐
	名刺	☐
	プロフィール	☐
	会社案内	☐
② 紙媒体	DM はがき	☐
	ニュースレター	☐
	チラシ・パンフレット・カタログ	☐
③ デジタル媒体	メールマガジン	☐
	ニュースレター・プレスリリース	☐
	チラシ・パンフレット・カタログ	☐
	デジタル広告	☐
	HP	☐
	EC	☐
	SNS・ブログ	☐
	google map	☐

カテゴリー	トリセツ	チェック
④イベント	イベントカレンダー	☐
	企画書	☐
⑤店頭・展示会	看板	☐
	POP	☐
	ポスター	☐
	メニュー・価格表	☐
	制服・衣装	☐
⑥商品	商品ラインナップ	☐
	パッケージ	☐
	ストーリーブック	☐
	ユーザーズガイド	☐
⑦メンバーシップ	メンバーシッププログラム	☐
⑧カスタマーサービス	メンテナンス	☐
	返品・交換・返金	☐
⑨リクルート	採用サイト	☐
⑩お客様の声	口コミ	☐

①ブランド

ロゴ

　ブランドロゴは、「お客様に自社や自社の商品・サービスを他社と区別させる印」で、あなたの会社の象徴となる印です。ブランドロゴに含まれる要素は、文字やマークがあります。

　文字は、フォント、大きさ、文字数、色彩などでイメージが大きく変わってきます。文字のフォントを選ぶ際には、文字が太く見やすく読みやすいことが大切です。文字が細いと、商品パッケージなどに印刷した際に線が消えてしまう危険性があります。また、文字が細いと印象が薄くなりがちで、「認知・理解・記憶」が進まなくなる可能性があります。以前は、手書きでサラサラと流れるようなデザインの筆記体のブランドロゴがたくさんありましたが、日本では、学習指導要領の改訂により中学校英語で筆記体が必修ではなくなった影響で、筆記体がまったく読めない世代が増えていますので、筆記体は使用しないほうが賢明でしょう。文字の大きさは小さすぎると「認知・理解・記憶」しづらくなります。大きすぎても商品パッケージなどに印刷できなくなりますので、適切な大きさを考えましょう。文字数は、世界のトレンドとして短くなる傾向にあります。ファッション業界では、クリスチャン・ディオールがディオールに、イヴ・サン・ローランがサン・ローランに短くなりました。化粧品業界では高級化粧品のドゥ・ラ・メールが、ラ・メールになりました。インターネットで検索されることを考慮すると、ロゴの文字数は短く簡潔でわかりやすく、人が簡単に覚えられる長さにすることが大切です。

　文字の色彩は3つの要素から影響を受けます。1つ目は、自然界

から受け取るイメージです。赤は炎や血のような情熱、青は空や海から爽やかさ、緑は木や森から安らぎ、黄色は太陽やヒマワリのような明るさ、などです。

2つ目は、歴史や文化から受け付けられたイメージです。人間は生まれた瞬間から女の子は暖色系の産着、男の子は寒色系の産着を着せられるところからスタートし、知らず知らずのうちにイメージを植え付けられます。女の子が黒や青のランドセルを持っていたら、あなたは何も考えずに「女の子なのに黒いランドセルにしたの？」と言ってしまうかもしれません。男の子がピンクのランドセルを持ちたいと言い出したら、必死に止める親が多いのではないでしょうか。多様性の時代とはいえ、生まれた時から刷り込まれたイメージを塗り替えることは容易ではありません。また、国や地域が変われば、色のイメージも大きく異なります。あなたが商圏として選んだエリアの色の価値観を知っておくこともビジネス展開をする上で重要です。

3つ目は、色彩は紫外線などと同じように電磁波であるということです。目と同じく、肌からも色彩を感じることができます。盲目の方が真っ赤な部屋と真っ青な部屋に入ったとき、肌から感じる電磁波で、どちらの色かわかるそうです。

色彩の持つイメージは何から得るか

自然界から受け取る

Nature

歴史や文化から植え付けられる

Culture

「色彩＝電磁波」
色彩ごとに異なる波長を網膜や皮膚から感じ取る

Scene

マークは、文字情報がマークのようにデザイン化されているもの
と、絵柄などのデザインのみのものなど、さまざまな種類があります。絵柄では、ナイキ社のチェックマークや、アップル社のかじられたリンゴのマークなどがすぐにイメージできるのではないでしょうか。絵柄だけのマークを作ることが必須であると感じていると経営者が多いですが、絵柄だけのマークは必ずしも必要ではありません。文字のみの商標登録をするだけでも申請コストや管理コストがかかります。絵柄だけのマークを使用しないようであれば、文字のみの登録をお勧めします。

また、会社の名前と異なるブランドネームの知名度が上がると、会社自体の名前を変更する会社が増えています。

社名変更した企業例

旧社名		新社名
松下電器産業株式会社	➡	パナソニック株式会社
松尾糧食工業株式会社	➡	カルビー株式会社
株式会社ジェイアイエヌ	➡	株式会社ジンズ
株式会社バルス	➡	株式会社 Francfranc
健康コーポレーション株式会社	➡	RIZAPグループ株式会社

ビッグサイトなどで開催される大規模なBtoB展示会の招待状を受け取ったときに、社名とブランドネームが一致せず、広大な展示会場で、ブースを見つけられずウロウロ回って疲れ果てて帰った経験があります。多くの展示会では招待状に社名とブランドネームを併記してくれません。ブランドネームの知名度を高めるためにも、会社自体の名前を変更する決断も必要です。

キャッチコピー

「ねえ、ちょっと聞いて！"こんな"会社、"こんな"商品があるんだ

よ」と、口コミを発生させる、"こんな"の部分を考えてください。あなたはどんな言葉であなたの会社をお客様に紹介してもらいたいですか？

名刺

　一つの会社で複数の従業員の方々と名刺交換をすると、デザインがバラバラの名刺を受け取ることがあります。共通のデザインでないと、記憶に残りづらくなります。また、会社名とブランドネームが異なる場合には、かならずブランドネームやロゴも名刺に記載します。

プロフィール

　個人で活動している会社はプロフィール作成をお勧めします。名刺だけでは伝えきれない具体的なあなたのことをA4サイズ1枚のプロフィールに凝縮します。プロフィールには、会社イメージ写真、経営理念（ミッション、ビジョン、バリュー）、代表メッセージ、代表写真、キャッチコピー、経歴、事業内容、商品サービス、仕事の実績、会社概要などを記載します。

会社案内

　会社イメージ写真、企業理念（ミッション、ビジョン、バリュー）、代表メッセージ、代表写真、キャッチコピー、沿革、事業内容、商品サービス、スタッフ紹介、SDGsに対する取り組み、会社概要（会社名、設立年月日、所在地、代表者名、従業員数、資本金、取引銀行、主要取引先、許認可、電話番号、HPのURL、メールアドレス）、アクセス地図などを記載します。

②紙媒体

　デジタル媒体が市場では伸びているものの、紙媒体もまだまだ効果があります。紙媒体を作成する際には、かならずデジタル媒体へとつなげるQRコードを印刷しましょう。QRコードは無料で作成してくれるサイトが多数存在しますので、簡単に作成することができます。

DMはがき

　印刷や郵送でコストがかかるので、年間予算を決めて上位顧客から順に、用途を絞って送付します。QRコードでSNSに誘導して、フォローしてもらうことで、DMのタイミングだけではなく、日々あなたの会社の情報に触れる状況を作り出すことが重要です。

ニュースレター

　毎月または季節ごとなど、定期的にお客様に対し、ニュースレターを配布します。ニュースレターには、新商品サービスの紹介、既存商品サービスの紹介、お役立ちコラム、スタッフのつぶやきなどを掲載します。より深く会社のことを知ってもらい、親近感を持ってもらえるような記事がお勧めです。実店舗がある場合には、店頭のA看板にチラシホルダーを設置し気軽に取れるようにします。お買い上げのお客様には、買い物袋の中に商品と一緒に同封します。EC販売の場合には、商品と一緒に段ボールに梱包します。

チラシ・パンフレット・カタログ

　会社経営が年月を重ねるとともに、商品サービスに飽きがきて、

商品サービスを積極的に紹介しなくなる傾向が出てきます。定期的に商品サービスにスポットライトを当て、紹介していくことが大切です。

③デジタル媒体

　紙に比較してコストが安く環境にも優しいデジタル媒体は今後も伸びていくでしょう。コロナ禍でリモートワークも定着したことでオフィスに出勤しない人も増えました。BtoBで情報を確実に取引先に届けたい方は、デジタル媒体を上手に使って、担当者がオフィスに不在でも情報を受け取ることができるようにしましょう。

メールマガジン

　略して「メルマガ」と呼ばれています。その名の通り、メールで送る読み物です。広告宣伝メールについて、「特定電子メール法」によって「原則としてあらかじめ送信の同意を得た者以外の者への送信禁止」「一定の事項に関する表示義務」「送信者情報を偽った送信の禁止」「送信を拒否した者への送信の禁止」などが定められており、違反すると罰則が科せられますので注意が必要です。個人で「特定電子メール法」の規制にすべて適合した運用は難しいため、メール配信システムを導入するか、HPやECの拡張アプリや付帯サービスを活用することでリスクを低減させることが必要です。有用な情報だと思われなくなると配信停止されてしまうので、長期的に魅力的な情報を発信し続けることが非常に重要ですが、難しいです。ネタに困り、割引クーポンばかり配信している会社が多数あ

ります。割引クーポンを配信すると、一見お客様には魅力的に見えるかもしれませんが、割引は「モノ売り」手法です。割り引かなければ買ってもらえなくなり、利益率が大幅に悪化していきます。割引以外のお客様のメリットを考えていくことが重要です。

ニュースレター・プレスリリース

　ニュースレターは、メディアも含むすべての利害関係者（従業員、取引先、株主、メディア、行政機関など）に対する情報提供です。プレスリリースは、メディアに対する情報提供です。プレスリリースは、大きな会社のもので、小さな会社には関係の無いものだと、活用していない会社が非常に多く、損をしています。新商品サービスが無いと配信してはいけないと思う方が多いですが、些細なことでも、定期的に情報発信していくことが大切です。プレスリリースは有料のプレスリリース配信サービスを使用するか、プレスリストを自前で作成して情報発信する方法があります。プレスリストは簡単に作成することができます。メディア関係者（テレビ、雑誌、ウェブメディアなど）の連絡先情報はオンライン上で簡単に収集することができます。プレスキットと呼ばれる、プロモーション用の資料や画像、動画がセットになったものを送付しましょう。昨今はメディアも社内資源（ヒト・モノ・カネ・情報）が不足し、取材に行かなくても記事にできる、さまざまなニュースを求めています。媒体にすぐに載せられそうな記事、画像、映像があれば採用してもらえる場合が多々あります。メディア関係者を楽させることで、こちらの情報を拡散することができるのです。

チラシ・パンフレット・カタログ

　紙媒体で作成したチラシ・パンフレット・カタログをデジタル媒体でも配布します。

デジタル広告

　デジタル広告には、GoogleやYahooなどの検索エンジンの結果ページに表示されるテキスト型のリスティング広告、facebook、Instagramなどのソーシャルメディアに掲載できるSNS広告などがあります。テレビや雑誌などのマス広告とは異なり、1日500円程度の広告をコツコツと打つことができます。さまざまなデジタル広告を1週間から1か月程度試してみて、自分でもっとも販促効果が高いデジタル広告を絞り込みしていくことが重要です。また、デジタル広告から自社のSNSに流入させることで、広告を打ち上げ花火のようにすぐに効果が無くなってしまうことを防ぐことができます。自社のSNSを日々充実させたうえで、デジタル広告を打つことが重要です。

ホームページ（HP）

　15年以上前に「これからはネット社会です！HPが無いと時代に取り残されます！あなたのHPを作りませんか」と、訪問営業を受けて、身元の怪しい業者に数百万円を払って作ったHPが化石のように放置されている会社に出会うことが多々あります。ドメイン、ログインIDやパスワードを業者に管理されてしまい、活用していないのに毎月のように費用を払っているケース、業者が失踪してしまい、自社HPにログインすらできなくなった会社もたくさん見ています。ログインできないのに「何百万も払ったんだから」と、新しいHPを

作りなおすことも躊躇する経営者も多いのが現状です。4割値上げして、ブランディングしていく上で、HPは会社の象徴的な顔です。お客様の信頼を得るために、HPは最新の情報を掲載できる状態にしましょう。昨今はHPをスマートフォンで閲覧する人が9割近いようです。HPはスマートフォン対応していることが重要です。ECを始めている会社またはこれから始める会社は、ECでも十分にHPの機能を果たすことができます。使用していないHPを閉鎖して、ECにHPを統合することをお勧めします。

EC

　コロナ禍を経てBtoB, BtoCともにECを開設する小さな会社が増えています。社内の業務効率化、お客様の利便性向上のために、EC開設に挑戦しましょう。

SNS・ブログ

　一方通行の「モノ売り」から双方向コミュニケーションの「エンターテイメント売り」に移行するのにSNSの活用は欠かせません。あなたの販売している商品特性や理想のお客様の特性に合わせて、facebook、YouTube、Instagram、Xなどを選びましょう。ブログも文章であなたのストーリーや想いを伝えることのできる有用なツールです。自社HPへのアクセス数が少ない場合には、HP内に埋め込まれたブログだけではなく、アメブロやnoteなどの外部ブログ機能を活用し、より多くの人の目に触れるようにすることが大切です。

Google map

　実店舗がある小さな会社が今、もっとも強化すべきツールの一つがGoogle mapです。MEO対策（Map Engine Optimization：マップエンジンの最適化）により、地図検索でお店の情報を上位表示されるようにし、来店につなげます。Google mapはHPで必要とされる機能がほとんど盛り込まれており、HP代わりに使用することができます。日々更新される地図情報がインフラの役割も果たし、新たな同様のサービスが生まれにくいため、ツールの乗り換えが不要です。また、どの言語で口コミ情報が更新されても、自分の持っているスマホのOSに設定されている言語で表示されるため、会社が英語対策しなくても勝手にインバウンド対策ができます。

④イベント

　2月と8月がニッパチと呼ばれるように、商売には売上が下がる傾向のある時期があります。このような時期に「お客さん来ないかなぁ」「売れないなぁ」「閑散期だからね」と、何もしないでボーっと過ごしてしまっている会社は危険です。売上はたまたまできるものではなく、仕掛けて作りにいくものです。売上を作りにいくきっかけとしてイベントづくりは有用です。

イベントカレンダー

　日本には美しい四季があり、月ごとに気温や湿度が異なります。文化的に生まれたイベントや各種業界団体が閑散期を盛り上げるために作ったイベントなど、季節ごとにさまざまなイベントがありま

す。これらのイベントに合わせて、集客イベントを企画しましょう。イベントは店舗、外部施設、オンラインなど、さまざまな場所で開催できます。

　世の中のほとんどの人は、朝起きて大体同じような朝食を取り、同じ電車に乗って出勤し、午前中に同じような仕事をして、同じような昼食を取り、午後に同じような仕事をして、同じ電車に乗って帰宅し、同じような夕食を食べて、寝るまでスマートフォンをいじくり倒して、同じような時間に寝る…というかわり映えの無い生活をしています。日本の美しい四季を感じる余裕すらないのです。そんな代わり映えのしない生活をしている人に、あなたのブランドが季節ごとのイベントを企画してあげることで、人々の生活が変化に満ちたものになります。

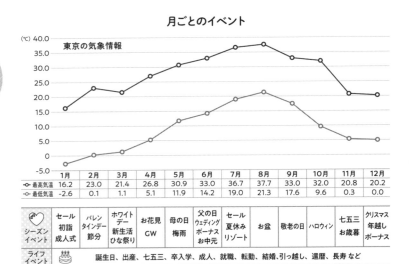

イベントカレンダーには、縦軸に「目的」「対象者」「予算」「打ち出しテーマ」「商品サービス」「イベント開催方法」「告知・集客方法」の7項目があります。横軸には、1月から12月までのイベントを並べます。イベントは商品やイベントPRの仕込みなどを鑑みると最低3カ月前には企画が作られていなければなりません。売上が低いからと、急に思い立ってイベントをやってしまう会社が多いのですが、テーマや対象者不明瞭だったり、商品サービスの供給が間に合わなかったり、イベント告知が遅すぎて参加者がほとんど集まらなかったりと、うまく行きません。理想は半年前までに企画を練り始め、3か月前には企画を実行していくことが大切です。

目的

何のためにやるイベントなのかを不明瞭にしないまま実行し、「疲れた…何も売上に繋がっていないけど、みんなが喜んでくれたから、まあいっか」と、イベント疲れしている会社が残念ながらたくさんあります。イベントはPDCA（PLAN企画、DO実行、CHECK検証、ACTION改善）が大切です。目的が無ければ、PDCAすることができません。目的が達成されればイベントは成功、達成されなければ失敗と言えるでしょう。

対象者

「対象者」は、お客様トライアングルの3つのタイプがあります。「A客」「BC客」「裾野客」です。「A客」「BC客」は既存顧客です。「裾野客」はあなたの会社のお客様トライアングルにまだ入っていない新規に取り込みたいお客様です。お客様トライアングルの中

は、「年間購入金額」「累計購入金額」「年間来店回数」「最終来店日時」の自社基準を設け、「A」「B」「C」3つのグレードに分けます。「A」は、あなたの会社の常連客で、もっとも大切にするべきお客様です。

お客様トライアングル判定基準表

	A	B	C
年間購入金額			
累計購入金額			
年間来店回数			
最終来店日時			

　ビジネスで、パレートの法則または「2：8の法則」というわれる法則があります。顧客全体の2割である優良顧客が売上の8割をあげているという法則です。私はビジネスの学校でこの法則を学んでから、「本当か？」と思っていましたが、実際に会社の決算書を見てみると、2：8または3：7で、ほとんどの会社が当てはまっていて、驚きました。「B」は、数回購入履歴があるが、常連とまではいかない方。「C」はたまたま購入してくれた方、何らかの理由があってその後購入してもらえていないお客様です。

　イベントを企画する場合、「A客」「BC客」「裾野客」の3つのタイプに分けた企画を立てることが重要です。「A客」向けのイベントは、費用を掛けてでも「A客」を徹底的にえこひいきし、大切にするイベントです。「A客」向けのイベントは、売上が確実に取りやすいので、売上が下がると予想される時期に仕込みたいイベントです。「A客」向けに商品販売するようなイベントを重ねすぎると「モノ売

り臭」が出てきていしいまいますので、お客様を喜ばせるようなイベントを開催し、結果、買ってもらったというような流れにすることが大切です。「BC客」はあなたの会社の商品サービスをすでに体験している方です。まったくあなたの会社を知らない方に売るよりも遥かに固定客化が見込める層です。「A客」は、高齢化、引っ越し、子供ができた、病気やケガをした、などさまざまな理由で卒業していきます。「A客」の自然減に備えて、「BC客」を定期的に「A客」に格上げしていくことが大切です。「裾野客」向けのイベントは、売上が上がる保証はありません。徒労に終わる可能性もありますが、定期的に「裾野客」に向けたイベントを打たないと、あなたの会社の「お客様トライアングル」はどんどん小さくなっていってしまいます。「裾野客」に向けたイベントにより「お客様トライアングル」をどんどん太らせていきましょう。

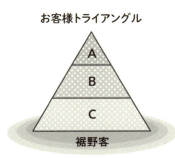

予算

　年間通じていくらぐらいの予算をイベントに掛けるのかを決めてから、月ごとに落とし込みしましょう。行き当たりばったりで予算を使いすぎてしまったり、予算をケチりすぎて十分な効果が得られな

かったりしてしまいます。

打ち出しテーマ

「イベント」「ライフスタイル」「価値観」の3つを掛け合わせてテーマのアイデア出しをしていきましょう。

商品サービス

イベントのテーマに添って商品サービスを事前に仕込むため、数か月かかることもあります。余裕を持ってスケジュール化することが大切です。

イベント開催方法

オフライン開催とオンライン開催があります。オフライン開催の場合は、店舗やイベント会場などを抑える必要があります。

告知・集客方法

イベントは当日行き当たりばったりでお客様を待つのではなく、事前予約制にし、有料のイベントの場合には、事前払いにすること

が大切です。「ノーショー（現れない）」と呼ばれるドタキャンを防ぎ
ます。お金を事前に払っていれば、多少の雨でもイベントに来てく
れます。

イベントカレンダー

	1月	2月	3月	4月	5月	6月
	セール 初詣 成人式	バレンタインデー 節分	ホワイトデー 新生活 ひな祭り	お花見 GW	母の日 梅雨	父の日 ウェディング ボーナス お中元
目的						
対象者						
予算						
打ち出しテーマ						
商品サービス						
イベント開催方法						
告知・集客方法						

"らしさ"ブランディングが価値を引き上げる

第3章

～3つのステップでブランドがあなたらしく輝きだす～

7月	8月	9月	10月	11月	12月
セール 夏休み リゾート	お盆	敬老の日	ハロウィン	七五三 お歳暮	クリスマス 年越し ボーナス

⑤店頭・展示会

看板

　店頭や展示会場にA看板を置きましょう。下手でも手書きでメッセージを伝えることが大切です。

POP

　人手不足の時代で、すべてのお客様に十分な接客をすることはできません。POPは従業員の代わりとなって商品説明をしてくれる大切なトリセツです。店頭や展示会場で、商品を隙間なく陳列しないとスカスカで不安になってしまう方がいます。POPと商品を交互に並べることにより、商品の詰め込みを防ぐことができ、お客様にとって見やすい売場となります。会社にとっても店頭在庫が圧縮することができ、資金繰りが楽になります。

ポスター

　ジュエリーなどの小物は写真が小さいと訴求力が小さくなってしまいます。遠くからでも見えるポスターを活用することが大切です。

メニュー・価格表

　あなたは価格表示の無いお寿司屋さんに気軽に入店できるでしょうか。フラッと入ってすべて「時価」と書かれていたら、値段が気になって食事に集中できないし、お会計が数万円を超えたら驚くことでしょう。しかし、小さな会社を訪問すると、価格が不明瞭な会社が多いことに気がつきます。「聞かれればお伝えしますんで」

「見積を出します」と、当然のように答えてくる営業マンがいますが、相手が不安になっているとは気がついていないようです。

制服・衣装

　店頭や展示会場で、私服で立っている従業員をよく見かけます。従業員なのか、客なのか判別できず戸惑います。ブランディングにより、相手に伝えたいイメージを統一するために、店頭や展示会場では揃いの制服、エプロンなどを着用しましょう。

⑥商品

商品ラインナップ

　4割値上げた商品を商品カテゴリーごとにMDシートに並べてみましょう。MDシートとは、マーチャンダイジングシートの略で、商品企画シートのことです。横軸は「カテゴリー」、縦軸は「価格帯」です。MDシートに、商品チップを並べていきます。商品チップは、商品写真（文字だけでもOK）と、価格、素材を小さな紙に貼り付けたものです。MDシートは紙でも、データでも作れます。

　「カテゴリー」は、商品カテゴリーを5から10程度に分類してみましょう。

　「価格帯」は、あなたの商品の最安値と最高値を決めたのち、大まかに5つに分類します。「価格帯」のことをプライスレンジと呼びます。プライスレンジの幅が広すぎると、商売の幅を広げすぎている場合があります。小さな会社は社内資源（ヒト・モノ・カネ・情報）が限られていますので、幅が広すぎると、品揃えが多すぎて資金繰

りが苦しくなるほか、あらゆる顧客層を得なければならず、負担が大きくなります。近年はECが活況であり、商品の価格帯をネットで調べる時に、プライスレンジがわかりやすく分かれていると商品が買われやすくなります。

エントリープライスとは、お試し価格で、当社の商品を試しに買ってもらって、ファンになってもらう入り口の価格帯です。海外旅行に行った人からのお土産でブランドのもののキーホルダーなどをもらったことはないでしょうか？バックや靴は高すぎて手が届かないお店で、何か買ってみたいと思った時に手に取る商品です。最近では、店舗や通販で送料無料ラインに乗せるために、ついで買いを狙って、価格の低い商品を作ることもあります。

プライスポイントは、中心価格帯です。お客様が、あなたの会社は〇〇円ぐらいの商品を販売しているとイメージさせる価格帯です。プライスポイントに商品の品揃えが最も揃っていることが大切です。例えばランチを食べる時に、あのお店だったら、〇〇円ぐらいでランチが食べられると記憶がありませんか？あなたの会社も同じように、いくらお財布の中にお金があれば行っていいのかイメージさせることが大切です。

主要な商品ラインナップの商品チップを貼り付けたら、全体を俯瞰してみてください。よくあるのが、商品チップがエントリープライスに集中して偏ってる場合です。経営者は意識していなくても、エントリープライスがプライスポイントとなってしまっており、客単価がまったく取れていないために売上が低くなってしまっています。似通った商品がたくさんあり、「AとBは何が違うんですか？」とお客様から質問を受けるようであれば、ほとんど差の無い商品をわざわ

ざ複数揃えている無駄があります。また、お値段以上に見えない商品が高いプライスレンジにドーンと鎮座していることもよくあります。原価計算から単純に値付けするのではなく、商品の見た目や機能などの客観的な価値で商品価格の全体調整を行うことも重要です。

MDシート作成

価格帯＼カテゴリー	コート	ジャケット	シャツ	パンツ	スカート
〜 円 円	エントリープライス				
〜 円 円		価格 素材			
〜 円 円	プライスレンジ	プライスポイント			
〜 円 円		価格 素材	価格 素材		価格 素材
〜 円 円					

パッケージ

商品価値には、「見栄えの価値」と「本来の価値」があります。「見栄えの価値」は、つい手に取りたくなるような「映え」る商品です。「本来の価値」は、使えば使うほど良いと実感していく価値です。この2つの価値のうち、小さな会社は「見栄えの価値」が圧倒的に弱い傾向にあります。私が訪問する多くの会社は「本来の価値」が非常に高く、こだわりが詰まった商品を販売しています。経営者や従業員から30分近く、会社の想いやこだわりを聞いた後に手に取るので、商品が素晴らしことに後から気がつきます。しかし

ながら、私が一般消費者だったら、絶対に手に取らないなと思うことが多いです。また、見栄えが悪いので、自分では使っても、プレゼントしようとは思いません。プレゼントはセンスが問われるので、本当に良い商品よりも、箱を開けたときに「わ〜素敵〜!」「いいものもらった〜!」と思ってもらいたいものです。SDGsの流れから、極力簡素化したり、リサイクル可能な素材を使用したりする工夫は必要ですが、パッケージの訴求力は非常に重要です。小さな会社の商品は「見栄えの価値」を上げなければ商品を覚えてもらったり、手に取ったりしてもらえません。

ストーリーブック

　昨今、クライアントにもっとも強化してもらっているのが、ストーリーブックづくりです。商品に同封するミニ冊子のようなイメージです。ストーリーブックには、ブランドの歴史、想い、商品のこだわり、商品の使い方、商品のメンテナンスの方法、問い合わせ先、会社概要などを記載します。また、自社ECに誘導するQRコードを貼り付けます。BtoBで販売した場合、顧客はお店についており、メーカー側は個人情報を得ることはできません。BtoBは利益率が悪いため、BtoBのお客様を自社ECに取り込み、より多くの品揃えからお買い物を楽しんでもらう環境づくりをします。また、プレゼントでもらった商品の場合、商品を気に入ったお客様がリピート購入したり、友人知人にプレゼントしたいと感じたときに自社ECにアクセスできるようにします。

⑦メンバーシップ

メンバーシッププログラム

　優良顧客のお客様を徹底的にえこひいきするためのメンバーシッププサービスを導入しましょう。商品に同封されたストーリーブックのQRコードからメンバーシップに登録すると保証期間を半年延長などのサービスを付与することで、個人情報を獲得することができ、また、自動的に会員数を増やすことができます。イベントカレンダーにメンバーシップ向けの企画を入れましょう。

⑧カスタマーサービス

メンテナンス

良い商品は「売りっぱなし」にしないことが大切です。最近では、SDGsやエシカル（倫理的）消費を求める声が高まっています。良い商品を長く使ってもらえるようにメンテナンスなどのアフターフォローをしっかりとしましょう。再来店を促すことで、メンテナンス目的だけではなく、新しい商品にも出会い、購入に繋がることも多いです。

返品・交換・返金

　会社を経営していると、商品に問題が起きたり、お客様の期待に添えなかったりと、返品・交換・返金などに対応せざるを得ないケースが発生します。「フールプルーフ」と「フェールセーフ」という安全工学の考え方があります。「フールプルーフ」は、英語で、fool

（愚かな）、proof（耐える）という意味で、人間は愚かなので、不注意などからミスを起こすものだという前提のもと、ミスを起こさないように未然に防ぐ対策をすることです。「フェールセーフ」は、英語でfail（ミス）、safe（安全）という意味で、どんなにミスを未然に防ぐ対策をしてもミスやトラブルが起きるという前提のもと、ミスが起きてしまった場合に、被害を最小限に抑える対策をすることです。芸能人や政治家がミスを起こしたときに初動対応を誤ってしまい、炎上するケースをメディアで多々目にします。小さな会社でも、昨今は初動対応の悪さがネットなどの口コミで拡散してしまう時代です。「損して得取れ」の精神で、多少損をしても、お客様の気持ちに寄り添う対応をしたほうが良い場合が多いです。悪質なクレーマーに関しては、早期に警察や弁護士の助けを求めることが必要です。

⑨リクルート

採用サイト

　4割値上げにより利益が増え、採用できる余裕がでてきます。「"らしさ"ブランディング」によりイメージが上がった会社には、「共感・感動・応援」した人が働きたいと集まってくるようになります。また、実際に採用に繋がらなくても、会社や商品の裏側を伝えることで、会社の魅力を深く理解してもらえることができ、ファンも増えます。採用サイトには、企業理念、事業内容、募集している職種、求める人物像、従業員インタビュー、従業員の一日、代表者メッセージ、社風や社内の雰囲気、よくある質問などを掲載しま

す。注意すべき点は、「未経験者OK」「誰でもできるお仕事です」「ノルマなし」など、誰でも良いから採用したくてハードルを下げてしまうことです。採用ミスマッチによりすぐに退社してしまいます。

⑩お客様の声

口コミ

　購買を失敗しないように、口コミを重視する消費者が増えています。私自身もネットショップで口コミの記入していない商品はほとんど買いません。飲食店に入る際も、店前でGoogle mapを開いて、口コミを確認してから入店しています。お客様からの口コミは、あなたの会社の「要するに〇〇」が詰まっており、実は一番わかりやすい「トリセツ」です。あなたの会社のことを最もよく理解して、説明してくれています。HPやECなどにお客様の口コミを上手に掲示しましょう。

| ステップ ❸ | 発 信 | "らしさ"を超えるエンターテイメントを！
タッチポイントの仕掛けづくり |

タッチポイント（顧客接点）に「トリセツ」と「エンターテイメント」を仕掛ける

　「"らしさ"ブランディング」で「トリセツ」が用意できたら、タッチポイントにトリセツを仕掛け、「エンターテイメント」で表現していきます。

　タッチポイントとは、会社または商品とお客様の接点です。お客様や取引先の購買決定プロセスにAMTULの法則があります。「Awareness 認知」、「Memory 記憶」、「Trial 試用」、「User 購買・日常利用」、「Loyalty ファン」5つのプロセスです。この5つのプロセスそれぞれに、会社または商品サービスとお客様のタッチポイントがあります。この5つのプロセスに、ステップ②で作成したトリセツを散りばめていきます。トリセツをお客様が読み込んでくれて勝手に正しく理解してくれれば苦労しないのですが、思ったようには理解してもらえないことが多々あります。そこで、トリセツをツールとして使って、エンターテイメントで、あなたらしい、あなたにしかできないエンターテイメントで会社や会社の商品サービスをお客様に紹介していきます。

ディズニーにならなくていい！
小さな会社流エンターテイメントとは？

エンターテイメントというと、ディズニーランドやユニバーサルスタジオジャパンを思い浮かべる方も多いと思いますが、小さな会社は社内資源（ヒト・モノ・カネ・情報）が足りず、そのような大掛かりな仕掛けを実現することはできません。小さな会社は自社の持つ強みや"らしさ"を活かして、嬉しさ、楽しさ、驚きなど気持ちを揺さぶられたときに口からつい漏れてしまう「わ〜」と「へ〜」という言葉を、お客様から集めていくのが小さな会社流エンターテイメントです。

東京の一等地で花屋を営むDさんは、インテリアコーディネーターとして会社員勤務したのち、大好きだったお花屋さんで修行し、念願の花屋を開業しました。

Dさんは、私がこれまで見た経営者で一番の「エンターテイナー」です。初めて店舗にお伺いしたときの私の第一印象は「どうやったらこんな一等地で小さな会社が経営を続けていられるんだろう」でした。その秘密は商品購入後の配送時に隠れていました。Dさんは購入した観葉植物をお客様のお家に配送する際に、お客様が購入した商品以外にも、たくさんの観葉植物とオシャレな鉢をトラックにたくさん詰め込みます。どれも数万円以上する高価な観葉植物と鉢です。そして、お客様のおうちに到着すると、お客様に「今日はトラックにたくさんの観葉植物を持ってきたので、お時間があればご自宅のコーディネートをしてもよろしいでしょうか？」と聞きます。流石にわざわざたくさんの植物を運んできてもらったとなれば、お

客様のほとんどが「えっ、じゃあ……どうぞ」と、戸惑いながら言います。

　Dさんは従業員のEさんと二人で玄関、廊下、リビング、ダイニング、ベランダ、庭へと、ものすごいスピードで観葉植物をコーディネートしていきます。そして、植物を置くたびに、「わ〜素敵、オシャレなご自宅に映えますね〜！」と、場を盛り上げます。お客様もつられて、「わ〜素敵ね〜」と声が出ます。また、壁掛けやハンギングなど、これまでお客様が試したことのなかった置き方を提案すると、「なるほどね〜！こういう置き方すればいいのね」とお客様から感嘆の声が漏れます。また、オシャレなだけではなく、玄関、廊下、リビング、ダイニング、ベランダ、庭と、家のドアや窓の位置を確認し、日当たりや風通しを見て、その環境でもっとも良く育つ観葉植物を提案していきます。また、もともと自宅にある植物の状態も観察して、手入れのアドバイスも丁寧にします。すべての植物が設置し終わると、お客様のお家が突然ショールームのようなオシャレな空間に生まれ変わります。店舗の接客だけでは、お客様の住環境やテイストを詳しく知ることはできません。「観葉植物大好きなんだけど、枯らしてしまうのが怖いのよね」「自宅に置いてみないとサイズが良くわからないのよね」と、店頭でたくさんのお客様が商品の購入を断念する姿を見てきたDさんですが、お客様の住環境を知れば、環境に合った観葉植物を提案でき、枯らしてしまうリスクを低減できます。買ったけれど家に置いてみたら大きすぎた、小さすぎたというミスマッチも防げます。生まれ変わった空間に感激して、お客様も「せっかくだからいくつか置いていって」と購入してしまいます。

最後にお客様から了承を得てコーディネートした観葉植物の写真と、もともとあった観葉植物すべての写真を撮ります。最終的に購入しなかった植物をトラックに積んでDさんはお店に戻ります。お店に戻ったらすぐに、ご購入いただいた観葉植物も、ご購入いただかなかった観葉植物もお客様のお家で撮った写真とともに、育て方や手入れの方法を記載したデータをお客様に送付します。お客様は観葉植物の手入れの方法がわかってとても安心します。また、素敵にコーディネートされた観葉植物の写真を後から見返すと、もともと置いていなかった観葉植物にも関わらず、伽藍洞のように寂しい空間に感じられるようになってしまいます。後日「やっぱりあの植物も置いてもらえるかしら」と、追加の注文も絶えません。

　また、もともとお客様が所有している観葉植物の育て方や手入れの方法、植え替えのタイミングと有料植え替えサービスの案内を併せてお客様にお渡しすることで、メンテナンスサービスも継続的に受注しています。また、お客様のお友達がお家に遊びに来ると、突然お家がオシャレになったことに驚き、理由を聞くとDさんのお店のサービスだと知り、私もやってほしいと紹介が生まれます。お金持ちのご友人は同じような趣味嗜好、同じような生活水準を持つ「類友（るいとも）」です。「類友」紹介は、成約率が最も高い集客ツールの一つです。映えたオシャレな部屋をSNSにアップしてもらい、Dさんのお店のハッシュタグをつけてもらえば、さらに集客に繋がります。多くの会社は、販売するところまで一生懸命頑張りますが、販売してからもエンターテイメントを仕込んでいる会社は多くありません。花屋のDさんのお店は、配送用のトラックでエンターテイメントを運んでいるのです。

自転車と米の出会いで
新たなエンターテイメントが生まれた

　商店街の仲間のチームプレーで新たなエンターテイメントを生み出す会社もあります。

　自転車販売店を営むBさんを訪ねた時です。お客様が店舗にいたので、私は接客の様子を店舗脇の椅子に座りながら見ていました。お客様が商品を選び終わり、レジでお会計する際に、「10%サービスしますね！」と突然Bさんが切り出しました。お客様も「ああ、そうなんですね」と少し驚いた様子を見せていました。お客様が退店されてから、私はBさんに「なぜ10%値引きしたんですか？」と尋ねると、「消費税が10%なので、そのぶん値引いているんです。インターネットで自転車が安く流通するようになっているので、わざわざ高いうちで買ってもらうのが申し訳ない」と言います。Bさんの会社は、消費税をお客様から預かり、国に納税していますので、何も後ろめたいことはありません。Bさんから購入した自転車は廃車になるまで修理を除くメンテナンス費用を無料にしています。インターネットショップではできないきめ細やかなサービスを提供しています。自転車業界は掛け率が高く、そもそも利益が少ない業界です。その状況で10%も値引きしてしまっては、さらに利益が減ってしまいます。しかも、Bさんは店頭の接客で「10%値引きするから買いませんか？」と駆け引きするわけでもなく、ご購入の意思が固まってお会計になってから突如10%値引きをしていました。私は、「その値引きは、お客様にありがとうと思ってもらえない」「値引きするのが当たり前だと思うと、値引きしなければ買い控えが起きる」

「ありがとうと感謝してもらえる販売促進を一緒に考えませんか？」
と伝えました。

　ヒアリングを進めていくと、自転車販売店と同じ商店街にお米
マイスターがいるお米屋さんがあることがわかりました。Bさんとは
仲も良いそうです。そこでひらめいた私は、「高単価な電動アシスト
自転車を購入したら、お米マイスターがあなたの好きな味のお米を
ブレンドしてもらえる10kgのお米券を渡したらどうか」と提案しま
した。電動アシスト自転車は重い荷物を載せていても坂道をスイスイ
と進みます。自転車を買って、すぐに10kgのお米を載せて走ること
で、すぐに電動アシストの効果を実感できるのではないかと思った
のです。さっそくBさんはお米屋さんにサービスの連携を提案し、お
米屋さんも快く了承してくれたことで、お米サービスが開始されま
した。後日、Bさんを訪ねると、「お米券サービスはすごい！」と言
います。理由を尋ねると、自転車を買ってからお米をもらいに行っ
たお客様が、後日Bさんの自転車屋さんに再来店し、「あのお米、
すごく美味しかった！ありがとう！」と、わざわざ伝えに来てくれる
お客様が続出したというのです。お米10kgの価格は、電動自転車
を10％引きしていた価格よりはるかに安価にも関わらず、お客様か
らありがとうと言いにわざわざ来店してくださるサービスになりま
した。また、お米屋さんと連携を始めたことで、お米屋さんにもお
客様のリピートが生まれ、さらにお米屋さんからもお客様の紹介が
相次ぎ、本当のWin-Winのサービスが実現しました。自分の会社
の"らしさ"だけではなく、仲間の"らしさ"も掛け合わせていくこと
で、無限のエンターテイメントが生まれていきます。

エンターテイメントは、「プロ仮面」を被ればできる

　4割値上した商品を、自信を持って持って売るには、自信のない今のあなたから生まれ変わる必要があります。なかなか人は変われないですが、仮面を被って、演じることで仕事上だけでも別人格になることは可能です。お客様が不安にならないように、自信をもってプロ対応することが大切です。私も、コンサルタントとして自信を持った仮面を被っています。本来の私は優柔不断で「どうしよう」が口癖の人間です。ただ、コンサル現場でクライアントから質問があったときに「どうでしょうね」「それも良いし、これも良いですね」「決めるの難しいですね」などと言っていたら、クライアントが不安になります。私はコンサルの現場においては、経験と根拠、見通しを立てた上で、クライアントに選択肢を提示し、クライアントの選択の後押しをします。「吉田さんのコンサルは言いづらいことでもズバッと言ってくれるところが他のコンサルと大きく違うことだ」と、クライアントの方々からよく言われます。高校の同窓会で、友人に私の今やっている仕事の話をしたら、「小心者がよくここまで成長できたね、大したもんだ」と言われました。人はなかなか変われませんが、仮面を被れば、なんとか変わることができます。

商いは「飽き」との闘い

　あなたの中に見えない敵がいます。それが「飽き」です。ビジネス

を立ち上げたり、ブランディングに取り組んだり、最初は新しい取り組みに思考錯誤し、緊張した状態が続きます。しかしながら、取り組みに慣れてルーティンワークとなったとき、「飽き」がやってきます。商品やサービス、ビジネスそのものにも「飽き」がやってきます。

　クライアントのAさんは高級陶器店を1人で経営しています。「独立開業2年経過したが、お客様が商品に飽き始めている」「仕入れを増やしたいが資金が足りない」「資金調達はどうしたらよいか」というのです。Aさんの店舗に訪問し、店内を見回すと、所狭しと商品が詰め込まれて陳列されていて、窮屈な雰囲気です。バックヤードを覗くと、商品が足の踏み場もないほど積みあがっていました。Aさんは全国展開している大手量販店で経験を積んだのち、趣味で続けている陶芸を商売にしたいと、独立開業しました。全国の窯元を訪問し、職人と信頼関係を構築して、関東ではAさんのお店しか取り扱いのない商品を多数有しています。また、Aさんは接客に絶対の自信を持っていました。Aさんは、「仕入れをするための資金が足りない」と、非常に焦っている様子でした。Aさんは前職の大手量販店での大量仕入れ、大量販売のクセが抜けず、小さな会社としての商売のコツに気がついていないようでした。

　私は2つの宿題を出して帰りました。

　1つ目の宿題は、店頭に陳列する商品を半分に減らして、Aさんの知識を伝えるトリセツとして、POPを商品の隣に並べることです。Aさんは接客には自信があるので、POPは必要ないと引き下がりません。私は、商品が多すぎて、何を見てよいのかよくわからないこと、いくらAさんの接客が上手でも気になる商品すべての商品について説明を受けることは気が引けること、2組同時にお客様が来店

してしまった場合、片方のお客様は放置されてしまうことなどを説明すると、Aさんは渋々と納得した様子でした。

2つ目の宿題は、仕入れを一旦ストップし、店頭在庫を半分まで減らすために、2年前の在庫も昨日仕入れたかのようなテンションで、SNSに商品紹介投稿するようにアドバイスしました。Aさんは「新商品じゃないのにSNSに投稿することが許されるのか？」と非常に不安そうでした。私は、「商品は食料品ではないので腐っていない、職人が命を込めて作った商品で不良在庫ではないこと」を伝えました。店頭の商品数が多すぎて、店舗ではスポットライトを当ててもらえなかった商品でも、商品の裏側のストーリーをしっかりとSNSで伝えることで、お客様は「これが欲しい」と決めてから来店してくると伝えました。

その後、Aさんを訪ねると、別人のように表情が晴れやかになっていました。不良在庫だと思っていた商品が次々と売れたこと、店頭やバックヤードの在庫が大幅に減り資金繰りが楽になったこと、接客できない時でもお客様がPOPを見て高額な商品をレジまで持ってきてくれること、Aさんから買いたいと遠方からのお客様が増えたことなどを、嬉しそうに教えてくださいました。

支援開始後、3年後には売上高が初回訪問時の3倍まで伸びました。Aさんとの会話で忘れられないのが、「吉田さんに言われるまで、自分の商品や商売に飽きてしまっていた」という言葉です。経営者や従業員は毎日その商品を見ているので、1カ月もすれば、販売側が商品に飽きてしまって、積極的にPRすることを止めてしまいます。しかし、初めて入店されるお客様にとっては、始めて見るものなので、しっかりとした説明を欲しがっています。お客様と商品

の出会いは一期一会だと考え、日々、今日仕入れた商品のような新鮮な気持ちで商品を売ってみてください。きっとAさんのように商品もお店も輝きだすはずです。

「それはやったことがあるけどダメだった」は禁句

クライアントに、トリセツリストの中から「チラシ」の作成をご提案したときに「チラシはやったことがあるけど全然ダメだった」「うちのビジネスにはチラシは向かない」と、すぐに提案を否定してしまう方が一定数発生します。その効果が無かったというチラシを見せてもらうと、その会社らしいストーリーが見えない、商品サービスの内容がよくわからないなど、「"らしさ"ブランディング」が盛り込まれていないものがほとんどです。「チラシ」は昔から販促ツールとして使われており、新鮮味はありません。ただ、「チラシ」に「"らしさ"ブランディング」のエッセンスが加わったとき、爆発的な効果を発揮する場面を私はたくさん見てきました。これまでの「チラシ」と「"らしさ"ブランディングのチラシ」はまったく似て非なるものです。最初から否定してビジネスチャンスを逃さないようにしたいものです。

> ワーク

あなた"らしい"伝えかたを考えよう

お客様接点である5段階のタッチポイント

「Awareness 認知」「Memory 記憶」「Trial 試用」
「User 購買・日常利用」「Loyalty ファン」

それぞれに、作成したトリセツ（ツール）と、エンターテイメント
（あなた"らしい"接客対応）を組み合わせていきましょう。

1つ目のプロセス「Awareness（認知）」は、あなたの会社や商品
を知って、気がついてもらうことです。出会いの場はオフライン（リ
アル）と、オンライン（インターネット上）があります。年々、オンライ
ンの比重が高まりつつあります。

オフラインの場合には、メディア広告、展示会、イベント、ダイ
レクトメール、紹介、飛び込み営業、店頭、新聞、雑誌、知人友
人を介しての口コミなどがあります。

オンラインの場合には、GoogleやYahooなどの検索エンジン、
ウェブ広告、facebook・Instagram・XなどのSNSです。

2つ目のプロセス「Memory（記憶）」は、「Awareness（認知）」で
気がついた情報から下記のような刺激が生じると記憶されます。

◎印象を強く受けたもの

五感「見る、聞く、嗅ぐ、味わう、触れる」を刺激されると印象

が強烈になります。所説ありますが、情報から受ける五感による知覚割合は、視覚(目)85%、聴覚(耳)10%、嗅覚(鼻)3%、触覚(皮膚)1%、味覚(舌)1%ともいわれています。まずは「映え」を意識して、8割以上の影響を与える視覚情報に訴えましょう。

◎強く感情が揺さぶられたもの

あなたの想いやストーリーで「共感・感動・応援」の感情を揺さぶりましょう。

◎何度も繰り返されたもの

すぐに効果が出ないと、やるべきことを諦めてしまう方が多いです。効果がでるまで何度も繰り返してみましょう。

3つ目のプロセス「Trial(試用)」は、お客様が商品を手に取って試すことです。

コンサルタントをしていると、「うちの商品売れると思いますか?」「うちの商品の値段は高すぎますか?」と、商品に関する質問を多く受けます。しかしながら、ほとんどのケースは1つ目の「Awareness(認知)」と2つ目のプロセス「Memory(記憶)」でお客様が止まってしまっていて、3つ目のプロセス「Trial(試用)」まで到達できていないことが多いのです。

小さな会社の商品サービスのほとんどはこだわりが詰まっていて、素晴らしい商品であることが多いので、手に取ってもらうところまで到達しさえすれば売れます。ただ、そこまで行きつかない場合が多いのです。

また、小さな会社の商品は「見栄えの価値」が低く、「映え」ないので、手に取ろうと思う欲求が湧かない場合が多い。手に取りたくなるように、パッケージを見直し、POPにしっかりと商品説明を記載することが大切です。

　4つ目のプロセス「User（購買・日常利用）」は、実際に商品を購入して使用し、ユーザーになることです。商品価値には「見栄えの価値」と「本来の価値」があります。このプロセスでは「本来の価値」が試されます。また、「本来の価値」にも3つのレベルがあります。

> **レベル①　「購入後、使うのを止めてしまった」**
> **レベル②　「たまに使っている」**
> **レベル③　「よく使用している」**

　レベル3まで到達すると、5つ目のプロセス「Loyalty（ファン）」にステップを進める可能性が高くなります。たとえば、普段使わない調味料を購入したとき、使い方がわからなくて使うのを止めてしまうと、「Loyalty（ファン）」にはなりません。HP、SNSなどで、この調味料を最後まで使い切るようなレシピ提案を提案し続けることで、普段使わない調味料を日常的に使うようになり、「Loyalty（ファン）」に一歩近づきます。

　5つ目のプロセス「Loyalty（ファン）」は、固定的にブランドが指名されて、商品が愛用されることです。「Loyalty（ファン）」には、3

つのレベルがあります。

> レベル① 「この商品サービスが無いと生きていけない」
> レベル② 「SNSをフォローし、新商品情報や企業の
> 　　　　　新しい情報をアップデートしている」
> レベル③ 「この商品サービスを他の人に紹介したい」

　また、自らが使うだけでは飽き足らず、知人友人にも薦めたくなるのが「Loyalty（ファン）」の忠誠度が高い状態です。

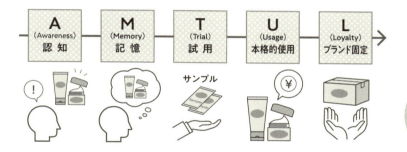

"らしさ"ブランディングの売りかた

	Awareness	Memory	Trial	User	Loyality
トリセツ					
エンター テイメント					

ブランディングに成功すれば
幸せになれるのか

難易度レベル		ブランディングの効果
容易	①	知名度が上がる
	②	商品・サービスがたくさん売れて売上が上がる
	③	ファンが増える
	④	有名・人気の会社で働いているという従業員のモチベーションが上がる
	⑤	優秀な人材が採用しやすくなる
	⑥	値上げできる
困難	⑦	経営者・従業員が幸せになる

　ブランディングの書籍を見ると、経営者の心躍りそうなブランディングの効果効能がズラリと並んでいます。私がこれまでブランドビジネスコンサルタントとして、製造業、卸売業、小売業、サービス業500社以上の経営改善のお手伝いをしてきた経験を踏まえて、ブランディングの効果を難易度別にレベル⑦まで設定してみました。

　レベル①〜③の「知名度が上がる」「商品がたくさん売れる」「ファンが増える」は実現している会社が多いと感じます。レベル④から難易度がかなり上がる印象です。

レベル①「知名度が上がる」

　イベントや展示会、メディア、インターネットなどを通じてPRを強化することにより実現しています。ただ、「知名度を上げる」ことに満足してしまって、売上を上げるための施策などが打たれていない

ケースが多く、「知名度が上がった」だけで終わっている会社も散見されます。

レベル②「商品・サービスがたくさん売れて売上が上がる」

　レベル1の「知名度が上がる」ことで、商品・サービスの認知度が高まり、購買に繋がります。「商品・サービスがたくさん売れて売上が上がる」と良いことばかりではありません。「商品・サービスがたくさん売れた」場合の事前の想定をしていない会社が驚くほど多いのです。皆さん「売れれば何とかなる」と、非常に楽観的です。「商品・サービスがたくさん売れた」場合に頻繁に発生する問題は、社内資源（ヒト・モノ・カネ・情報）が小さな会社が管理できるキャパシティを超えてパンクする状態を引き起こします。

　「ヒトのパンク」は、ほとんどの会社の従業員は一つの仕事だけではなくさまざまな役割を果たさなければならない中、ブランディングした事業の商品サービスが売れたとき、仕事がパンクします。新規採用しても、明日から即戦力で働ける従業員はなかなか採用できません。残業が積み重なり、従業員の疲弊と不満はピークに達します。

　「モノのパンク」は、商品の仕入れや製造が間に合わなくなります。製造に熟練した技術が必要な場合には、昨今は職人が枯渇していて、すぐに商品を調達できるわけではありません。今後5年以内に団塊の世代が80歳近くになり、大量の職人の引退が起きます。また、昨今は国内外で工場の製造キャパシティの取り合いが行われていますので、突然売れたからといって、商品を作ることができる状況ではないのです。また、商品が入荷するようになると置き場所に困るようになり、外部倉庫を借りる必要が出てきます。倉

庫管理業務、倉庫管理費用と、負担が増大します。

「カネのパンク」は、たくさん売れても、お金が入ってくるタイミングと出てくるタイミングが合わずに資金ショートを起こします。商品の30%程度は原価としてかかります。たとえば、1,000万円急に売れると、300万円の手元資金が無いと商品を準備することはできません。売上が上がると急に資金繰りが苦しくなります。日頃から地元金融機関との信頼関係を構築していない経営者も多いため、すぐに資金を調達できません。常日頃から金融機関に事業計画書を共有し、資金需要が発生する見込みを先に伝えておき、いざたくさん売れたときの準備をする必要があります。

「情報のパンク」は、商品サービスがたくさん売れると、原材料在庫、商品在庫、取引先、顧客など管理しなければならない情報が劇的に増大します。たくさん売ることを見込んでいれば、販売管理、顧客管理などをIT化や外部委託するなど準備が必要です。ブランディングに成功している会社に入ると、足の踏み場もないぐらい在庫が積みあがっていて商品在庫があるのにECを見ると欠品の状態になっていることや、売れている商品を入荷できずに販売機会を逃すことが増えてきます。売上が上がった会社で注目するべきは「利益が増えたか」です。会社で売上が上がっている会社でも、社内資源のパンクに費用がかかり、利益が伸びている会社は少ないものです。最悪のケースでは、売上は立っていても、支払いに入金が間に合わず資金ショートを起こし「黒字倒産」となります。

レベル③「ファンが増える」

お客様が商品やサービスに満足し、信頼関係を構築できたので

しょう。非常に素晴らしいことです。ただ、「釣った魚に餌をやらない」会社が非常に多いのが気になります。一度ファンになってくれた方がずっとファンで居てくれる訳ではありません。ファンが定着してこそ、売上が安定的に獲得できるようになります。ファンが定着するための働きかけを継続的に行う必要があります。

レベル④「有名・人気の会社で働いているという従業員のモチベーションが上がる」

レベル2「商品・サービスがたくさん売れる」の段階で、「ヒトのパンク」が起きていないことが重要となります。「有名・人気の会社で働いている」ことは、入社後すぐは高揚した気持ちがあります。しかしながら、よっぽど鈍感な人でない限り、1か月もしないうちに、社内が「ヒト・モノ・カネ・情報のパンク」を起こしていることに気がつきます。また、ほかの従業員から愚痴を聞く機会が増えて気持ちがどんどんと萎えてきます。従業員のモチベーションを上げるには、休息、給与、やりがい、評価などがしっかりと与えられてこそ実現することができます。「有名・人気」なだけでは、従業員のモチベーションを上げることはできないのです。

レベル⑤「優秀な人材が採用しやすくなる」

昨今の人材不足を鑑みると、小さな会社が優秀な人材を採用することは非常に難しくなっています。小さな会社の労働条件はどう頑張っても大企業には対抗できません。また、運よく採用できたとしても、経営者は育成・定着には意識が低いのです。「採用・育成・定着」のプランを考えてから採用しないと、せっかく獲得できた優

秀な人材を流出してしまいます。

レベル⑥「値上げできる」

　この本の肝でもある値上げに関しては、ブランディングに成功しても、罪悪感に苛まれて値上げは結局できない会社が多いです。ブランディングして知名度が上がって、それまであまり知られていなかったブランドや商品の価格帯が浸透してしまうと、さらに値上げしづらくなります。ブランディングに成功した会社は、社内資源（ヒト・モノ・カネ・情報）が、肥大化していきます。大きな組織になっていけばいくほど、「ブランディングでせっかく獲得したお客様が逃げたらどうしよう」と、値上げしたときの売上の落ち込みが不安になり、値上げに踏み出せない経営者が増えます。また、多くのメディアで商品と価格を紹介されてしまうと、その価格から値上げを躊躇するようになります。ブランディングをする前の市場で知られていない状態で、しれっと値上げすることが重要なのです。

レベル⑦「経営者・従業員が幸せになる」

　「ステップ①棚卸」で提唱した、6つの「幸せ構成要素（心、体、知識、時間、つながり、お金）」が満たされると人は幸せだと感じます。私がこれまで出会った多くの経営者は自分、家族、従業員の幸せを後回しにし、取引先、お客様の利益を優先する傾向がありました。あなたは自分自身と従業員の6つの幸せを実現しているでしょうか。

ブランディングは急がば回れ

　これまで価値訴求ではなく価格訴求を行ってきた会社にブランディングを実施すると、慣れないことを考えるのにアレルギー反応を示したり、これまで休眠させていた頭の領域をフル稼働させるため疲れてしまって考えられなくなってしまったり、思うようにはなかなか進みません。現状の仕事をやりながらブランディングを実施するため、緊急度の高い仕事に追われてしまい、重要度が高いのに緊急度の低いブランディングを後回しにしてしまう傾向があります。また、経営者は中長期を見据えてブランディングの重要性を理解していても、従業員の方々は短期的視点しか持ち合わせておらず、慣れない面倒な仕事が増えるブランディングを否定的に捉える方も多くいます。

　伝統工芸品を製造・卸を営むC社では、卸売先の販売店の販売力の低下や、中間マージンの高さ、販売店からの強い値引き交渉で利益がほとんどでないことを悩んでいました。利益が出ないため、伝統工芸を支えている伝統工芸士に十分な給与が支払えません。労働条件が魅力的ではないと、後継者を見つけるのが困難になり伝統技術が途絶えてしまうと危機感を持っていました。たまに社内で一般のお客様向けに展示即売店を開催しますが、卸売り先の販売店の多くが恒常的な値引き販売を店頭でしている影響を受けて一般のお客様からも大幅な値引き交渉を受けてしまい、困っていました。

　A社長から、伝統工芸の生き残りをかけて、新規プロジェクトで

あるフラッグシップストアとなる直営店をオープンするためにブランディングを指導してほしいと連絡がありました。非常に若くてやる気のある従業員の方々も新規プロジェクトの会議に参加することになりました。ブランディングに関する会議を数回進めていると、従業員のBさんが少しイライラした様子で、「ブランディングではなくて、もっと商品が売れる方法について先に指導してもらえませんか」と言いだしました。新規プロジェクトでお仕事のご依頼を頂いていることを説明し、ブランディングの会議の余った時間で販売促進についても併せてフォローしました。1年近くかけて、ブランディング、店舗設計を進め、やっとオープンに漕ぎつけました。それから数か月後、Bさんから手書きのお手紙が届きました。封を開けてみると、感謝の言葉とともに、「お客様がこちらの提示した価格通りに購入してもらえるようになり、お店をオープンしてから一度も値引き交渉を受けることがなくなった」「一巡してやっと吉田さんから言われたブランディングの重要性が理解できた」などと書かれていました。ブランディングは急がば回れと実感した嬉しい出来事でした。

ブランディングは丸投げ禁止

　クリエーターやデザイナー、インフルエンサーなどの有名人がブランディングに関与した小さな会社に、私はこれまで何社も訪問してきました。しかし、いずれも有名人が離れるとすぐにブランドが瀕死の状態に陥っていました。有名人と契約している期間も、メディア露出は増えて商品はある程度売れていても、利益が出てい

る会社はほとんどありません。先行投資だと信じていたのでしょうが、後から投資を回収している会社に出会ったことはほとんどありません。どの会社も会社の規模に見合わない多額の費用を有名人に払っていました。多額の費用を捻出し続けられる大企業に対しては、有名人も本気になって、有能な人々を集めたチームを組んで対応し続けます。しかしながら、なけなしの金を投じている小さな会社に対しては、見るからに片手間でやった、やっつけ感満載の仕事をされるケースが後を絶ちません。小さな会社にとっては多額の費用負担でも、有名人にとっては、小銭稼ぎのレベルを超えないようです。有名人が関与しているブランディングは"らしさ"が有名人に属していて、会社には属していません。土台をしっかりと作らずに高層ビルを突然乗っけているので、常にグラグラしていて、最終的にメンテナンス費用を捻出できなったらすぐに倒れていきます。小さな会社は自信が無く、自分で考えるのが疲れて面倒なので、有名人の「他人のふんどし」で丸投げして相撲を取りたがります。異なる才能を持った人と協業することは非常に良いことですが、小さな会社こそ主体を自分に置くことが重要です。丸投げせず、自分で悩みに悩んで、突き詰めた結果出てくるあなたらしいブランドを構築していってほしいと強く願います。

マルチブランド戦略は危険

> 「AというブランドとBというブランドは
> コンセプトが違うんです」
> 「客層や価格帯が異なるのでブランドを
> 分けています」
> 「卸売り先に小売りしているとバレないように
> ブランド名を変えているんです」

　小さな会社に訪問すると、マルチブランド（複数ブランド）を展開している会社に多々出会います。私がこのような会社に出会ったとき、まずやることはブランドを1つに絞ることです。「コンセプト、商品、価格、客層などが違う」などを理由に多くの経営者は1つに絞ることを渋ります。1つのブランドでさえ、お客様の「認知・理解・記憶」まで持っていくことが難しいのに複数のブランドの知名度を上げられるほど、小さな会社には社内資源（ヒト・モノ・カネ・情報）はありません。「コンセプト、商品、価格、客層などが違う」と、主張してきますが、客観的に見ると、一つの枠にほとんどが収まっていて、複数に分けるほどのボリュームがありません。

　また、マルチブランド展開してはいけない一番大きな理由は知的財産権管理が行き届かないことです。このような会社に訪問すると、3〜5個のブランドがあった場合に、すべてのブランドの国内および海外の商標をしっかりと押さえている小さな会社に出会うこ

とはほとんどありません。現実にはコストがかかりすぎるので、不可能な場合も多く、ほとんどの会社が知的財産権リスクを考えずにポイポイと新しいブランドを生みだしてしまっているのです。商標権は、特許庁に先に出願をし、登録した者が得ることのできる権利です。そのため、万一、他人が先に同じ商標を登録した場合、その商標を自由に使えなくなったり、商標権を侵害していると訴えられたりする恐れがあります。一日でも先に出願した人が優先されるのです。あなたがそのブランドを10年間使用していても、誰かがそれを知って登録されてしまえばあなたが負けてしまいます。近年、HP、EC、SNSなどをビジネスに利用することが増えて、簡単にインターネット上でブランドに出会うチャンスが増えました。あなたのブランドが商標登録されているのか、特許庁の特許情報プラットフォーム（J-PlatPat）で、誰でもすぐに検索できます。あなたが知らない間にブランドネームを勝手に商標登録しておいて、あなたが一生懸命ブランドを成長させて売上が上り調子になってきたとき、「あなたのブランドは私のブランドを侵害しています」と弁護士経由で連絡をするのがよくある手口です。成長するのを待ち構えて、「お客様があなたのブランドを私のブランドと勘違いして購入してしまっているようです、その分のお金を返してください」と、連絡がくるのです。ほとんどの経営者は弁護士から連絡がくるとパニックを起こします。新型コロナの流行で海外旅行に行けなくなり、国内旅行を紹介するテレビ番組が増えました。これまでは注目されていなかった地域にスポットライトが当たったことで、地元にしか知られていなかったブランドがテレビに露出し始めました。その結果、日本各地で「私のブランドを侵害している」と、すでに登録している

会社に気がつかれてしまい、訴えられるケースが多発しています。細々と経営している、悪気があっても無くても関係ありません。商標は先に登録した人に権利があるのです。

> 「うちは知名度が無いから」
> 「Googleで検索しても他社の
> 　ブランドは上がってこない」
> 「同業で登録している人は誰もいない」
> 「コストがかかりすぎるからもったいない」
> 「まだブランドが小さいから大きくなったら検討したい」

　商標に関するリスクを説明してもまだ、このような言葉を発する経営者がほとんどです。皆さん他人事だと思っているのです。私のクライアントにも商標トラブルを抱えている方がいます。いずれも、私が数年前から訴えていても「うちは関係ない」「そのうち」「コストがもったいない」と言い続けた経営者の方々です。1つのブランドでも守るのは非常に大変です。アマゾンが「ブランド登録には商標登録が必須である」と発表してから、アマゾン関連の申請ラッシュが起きた影響で、特許庁の商標登録が申請から登録まで半年以上かかるようになりました。早急に着手して商標登録が受理されないと、ブランディングが始められません。万が一、他社を侵害していたら事業リスクになります。また、ブランディングによりお客様の「認知・理解・記憶」を獲得したのに、他社に名前を横取りされたら苦労や努力が水の泡となります。

　私のクライアントには、弁理士に確認してもらい商標登録は極め

て困難だと判断された会社には、10年以上経営していてブランド
ネームが市場に浸透していても、名前を変えて商標登録していただ
いています。10年以上も育ててきた「ブランドの名前を変えてくだ
さい」と言われると、皆さんショックを受けます。「HP、SNS、チラ
シ、商品タグなどすべてを作り直さなければならない」と躊躇しま
す。しかしながら、中長期的視点で成長を考えれば、知的財産保
護ができないブランドのブランディングはできません。まずはブラン
ドを1つに絞り、商標登録をすることから始めましょう。

第**4**章

三方良し
（自社・顧客・取引先）の ビジネスモデルを 「仕組み化」する

経営の苦悩から自由になろう

経営者を苦しみから放つ「仕組み化」

　私は、発達障害の一つであるADHD（注意欠如）であるという診断を病院で受けました。ADHD は、「集中力が続かない」「ミスが多い」「忘れ物が苦手」「片付けが苦手」などの症状が起きます。ただ、私がこの診断を受けたのは、コンサルタントとして独立してからでした。急いで、大人のADHDに関する書籍を何冊も購入し読み漁ると、「なーんだ、できるようになってることだ」と思いました。同時に、今まで私の身の回りに起きていた困ったことが、パズルが組み合わさるように合致し、「私は病気だったんだ」とホッとしました。

　私は中小企業診断士という国家試験の取得から、会社の経営改善方法を学ぶ中で、自らの「ミスを防ぐ」、「忘れ物をしない」「片付けをする」、さまざまな対策法を編み出していたのです。日常生活で起きる注意欠如に対応できるようになっていました。それは、大人のADHDの書籍に書かれていた対応法そのものでした。

　小学生の頃、学校の先生が、忘れ物をしたら自分の名前欄にシールを貼っていくという表を大きな模造紙にして教室にはりました。私は毎日のように忘れ物をしていたので、すぐにシールが溜まってしまい、月末には「忘れ物王」という嫌な不名誉賞を与えられて、しょっちゅう廊下で立たされていました。そんな時に限って、4歳上の兄が廊下を通り「また廊下に立たされてるのかよ」と言われてしまうのがとても嫌でした。私はADHDで、忘れ物をしないようにできなかったのです。しかし、周囲は「お前は忘れ物が多い、ダメ人

間だ」と烙印を押すだけで、どうしたら私が忘れ物をしなくなるか寄り添って考えてくれる大人はいませんでした。また、廊下に立たされることで、授業を聞くことができず、学習にも遅れが生じていました。

　コンサルタントとして独立してから、支援の中で経営者や従業員の方々を見ていると、単純ミスが続いたり、管理のできない人が多いことに気がつきます。「ああ、この人もADHD傾向があるな」とわかるようになりました。発達障害を差別したりバカにしたりする気持ちはまったくありません。むしろ、発想力が豊かでアイデアがポンポン飛び出すADHDの特性を高く評価しています。経営者の頭から飛び出してしまって収集が付かなくなっているアイデアをまとめ、実行する順番を明確にするお手伝いをすると、経営者のアイデアが輝きだして会社の売上が上がります。「バカだからできない」「なかなか進まなくて困ってる」などの声を聞くことが多いですが、その都度、どうやったら経営者や従業員ができるようになるか「仕組み」を考え尽くします。できないのは、能力が無いからではありません、「仕組み」が無いからです。この本のワークも、クライアントの経営者や従業員の頭の中や業務を整理する手伝いをする中で生まれたものです。私は「仕組み化」を通じて、経営者や従業員を苦しみから解放したいと日々活動しています。

　先日も、クライアントと話をしていると、従業員のAさんがB社長の思う通りに働いてくれず、困り果てているというご相談を受けました。Aさんの行動の特徴を聞いていると、私はAさんが発達障害の一つであるASD（自閉症スペクトラム障害）の傾向が強いと感じました。B社長にASDの特徴について伝えると、Aさんの行動や言動

にすべて当てはまると答えました。私は自らのADHDの経験談を話した上で、Aさんが働きやすくなる環境づくりをしてみてはどうかと提案しました。B社長はこれまで発達障害という病気を知らなかったようでした。B社長も大切な従業員が気持ちよく働けるように自らの対応や会社の環境も変えていきたいと前向きになりました。今回はたまたまAさんのことで困っていましたが、今後も生きづらさを感じている方が入社される可能性はあります。Aさんに働きやすい環境を整えることで、将来入社される方も働きやすくなるはずです。私は精神科医ではありませんので、病気の診断はしませんし、できません。ただ、働きづらさ、生きづらさを感じている経営者や従業員に寄り添い、働きやすい環境づくりを共に考えることができます。

つまずきポイントを見つける

従業員に指示した仕事が思うように進まずに思うような結果が出ない場合に、「アイツは仕事ができない」と決めつけてしまうことがよくあります。決めつける前に、つまずきポイントを探すことが重要です。経営者が指示を出したあと、従業員が業務を遂行するまでには、さまざまなポイントを乗り越えています。「アイツは仕事ができない」で済ませてしまうと、何も改善しません。従業員の「つまずきポイント」を細分化し、どこでつまずいたのか、それに対して会社として何ができるのか一緒に考えてあげてください。これから人手不足が加速し、現在の従業員より優秀な人が入社する可能性は極

めて低くなります。人を使い捨てる時代は終わっていますので、今いる従業員を大切に育てていきましょう。

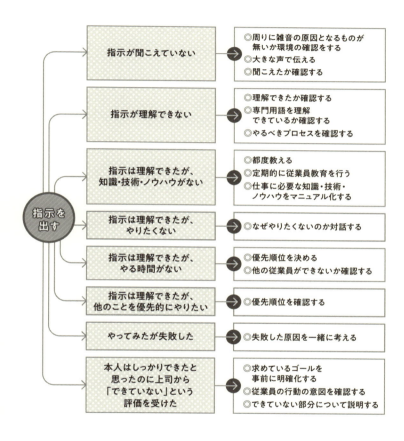

ビジネスはライフサイクルに影響を受けている

最近立て続けにクライアントから緊急事態の連絡を頂きます。従業員が退職した、交通事故にあった、病気になったと、要因はさまざまです。

小さな会社は、経営者や従業員のライフサイクルに大きな影響を受けることがあります。人間は、結婚、出産、産休、育休、ケガ、病気、介護などさまざまなライフステージによって、働き方を変えざるを得ないことが多いもの。特に、会社規模が小さく、従業員数も少ない企業はより多くの影響を受けます。

あなたのクローンはいない

経営者やマネージャー職の管理職は、能力が高く、自分がやったほうが早いと、従業員に仕事を教える、挑戦させる手間を省いてしまう傾向があります。しかしながら、いつ誰が会社から離脱してしまうかはわかりません。穴が開いても埋められるように、あなたのクローンとして同じ能力を求めるのではなく、個々の従業員の能力を活かしていくことが重要です。ただ、一定の質は担保しなくてはならないので、マニュアルなどの活用が必要です。

前述したように、経営層やマネジメント層は、スタッフに教える時間をしっかりと確保し、教えることも評価対象とし、目先の効率性だけではなく、中長期的な目線に立った経営を目指したいものです。

とび箱は練習しないと
飛べるようにならない

　とび箱のギネス記録は24段だそうです。あなたが従業員の立場で、経営者から「とび箱24段を飛びなさい」と業務命令を受けたとき、どのような対応をするでしょうか。「飛んでみます！」とギネス記録保持者に名乗り出る、「飛んでみます！」ととび箱に体当たりして倒れる、「飛んでみます！」と言ったもののまったく飛べる気がせずとび箱の前で立ち尽くす、「いやー、流石に無理でしょう」と経営者に物申す、「飛べるように練習します！」と、その場を一旦回避する、「縄跳びなら飛べます」と代替案を出してみる、「飛べるコツを教えていただけますか」と経営者に問うてみる、「無理です」と諦める……など、さまざまな対応があるでしょう。

　実際のビジネスにおいては、できなかったり、やったことがなかったり、恐れを抱いていたりしても、大抵の従業員は経営者に言われた通りに自分のできる範囲のことをやっています。しかし、ハードルの高いことを、そのレベルに達していない従業員にやらせたうえにダメ出しをしてしまう経営者が多くいます。入社してすぐにベテラン従業員レベルの仕事を求めてしまうケースが後を絶ちません。人材育成においては、とび箱を1段ずつ飛べるようになるイメージで成長を促していくことが大切です。自分のできる段以上に高く飛びたければ、単に飛ぶ練習だけではなく、筋トレやストレッチなどの基礎トレーニングをするなどの工夫を重ねないと、安全に飛べるようにはなりません。また、年齢や経験を重ねてきて、ケガなどの危険を知ってしまうと、臆病になりリスクを取らなくなり、飛べる気がし

なくなります。ビジネスも同じです。ある一定のところまでは何となくできるかもしれませんが、ある一定のラインを超えてからは工夫をして訓練をするとともに、メンタルケアもしなければなりません。

かかりつけ医は
脳外科手術ができない

　私が独立したばかりの頃は、経営コンサルタントとして現場に出る際に「わからないことや、知らないことを聞かれたらどうしよう」「経営コンサルタントを名乗っているくせにそんなことも知らないのか！と怒られたらどうしよう」「クライアントの時間を割いてもらって先方の期待に添えなかったらどうしよう」と、ビクビクしていました。しかしながら、数年かけてコンサルタントのネットワークを構築することで、問題が解決していきました。自分がわからないことは、素直にクライアントにわからないと伝え、ネットなどで調べられることは調べて伝えますが、それ以上専門的になる場合には、ネットワークの仲間に連携またはバトンタッチします。小さな会社は大企業のようなフルサービスを完備することは不可能ですが、人的ネットワークを構築することで大企業に匹敵するようなパワーを発揮することができます。

　私が日々やっているコンサルティングはかかりつけ医のように、経営で困ったことがあったときにすぐに相談できる存在です。かかりつけ医であっても、風邪を引いた患者に風邪薬を出して終わりにはしません。しっかりとヒアリングして体（現場）も見て、病気の根本を見つけ出します。対処療法として短期治療で解熱剤や、頭痛

薬は出しますが、病気を再発しない経営体を目指して、根本治療に取り組みます。症状が重篤な場合には、大学病院に引継ぎします。対処療法ではなく、根本治療を目指して、コンサルタントとして日々仕事に当たっています。

副業は小さい会社の人手不足の切り札になる

　最近、経営者の方々から、優秀な人が採用できなくなって困っているとご相談を受けることが増えました。労働人口が減少の一途をたどる中、人材の採用活動においては雇用される側が仕事を選り好みできる売り手市場が続いています。そんな状況の中、大企業に比べて労働条件の悪い小さな会社に来る人がいるでしょうか。さまざまな書籍で、ブランディングに成功すれば採用がうまくいくようになると書かれていますが、大企業水準の雇用条件を出せる小さな会社はほとんどなく、そう簡単ではありません。

　そんな中、小さな会社の人材不足の切り札になるのではないかと感じるのが副業です。大企業も働き方の多様性を高めるために副業を解禁しだしています。大企業の方々は副業で稼ぎたいと思っている人と、夢ややりがいを求めている人がいます。安定を求めて大企業に就職したものの、大きな会社の歯車の一つにしかならないことへの失望や、給与を払ってるんだから、できて当たり前、やって当たり前で、同僚や上司から「ありがとう」という感謝の言葉をもらえずに苦しんでいます。また、やりたかったことと安定を天秤にかけ、やりたかったことを諦めてしまった後悔を持っている方もいま

す。副業はやりがい重視で最低賃金レベルでも構わないという方もいらっしゃいます。大企業の水準では年収500万円以上払わなければ採用できないような人々に、副業として細切れの仕事を頼めるチャンスです。

　小さな会社の経営者は従業員をフルタイムで働ける人を探しすぎです。市場にはそんな方はそうそういません。マニュアル化を進めることで、さまざまな方々に仕事を依頼しやすくなります。副業であれば、何人もの人へお試しで仕事を依頼してみて、会社にフィットする方を探すこともできます。オンラインで検索すれば副業募集サイトがヒットしますので、試しに始めてみてはいかがでしょうか。

あなたに染みついている 「常識」はもう存在しない

　先日、多国籍の従業員を雇用しているD社長から聞いたお話です。

　外国人のEさんに、来客が6人いらっしゃったのでお茶を淹れてほしいと伝えました。数分後、Eさんは会議室にお茶を運んできました。しかし、そのお茶がとんでもなく濁っていたのです。D社長がお茶を淹れなおし、その場はなんとかなりました。その後、Eさんにどのようにお茶を淹れたのか確認すると、社内の2人と来客の6人、合計8人分のお茶を淹れるために、急須にティースプーン山盛り8杯もの茶葉を入れていたのでした。茶葉が急須の中で溢れんばかりに膨張していました。D社長はこれまで、「適量の茶葉を入れてね」と外国人従業員に伝えていました。「適量」というのは極めて

曖昧です。Eさんは非常識なわけではなく、お茶の淹れ方を知らなかっただけです。ただ、この事例を外国人だから緑茶の淹れ方を知らないと思うのは時代遅れです。

　私は仕事で食器類を扱う会社を多数支援してきましたが、皆さん口を揃えて急須が売れなくなったと言います。近年、お茶はペットボトルで飲むものになりました。私は緑茶が大好きですが、一人で飲むときは急須を洗うのが面倒なので、マグカップに茶こしをセットして茶葉を入れてお茶を淹れています。日本ですら、自宅でお茶を飲まない家庭が増えれば急須を使ったお茶の淹れ方を知らない子供が増えて当然です。

　従業員のことを「あいつは常識が無い」「常識が通じない」などと言う経営者に頻繁に出会いますが、ダイバーシティ、多様化の日本に変化した今、「常識」など存在しません。年齢、性別、国籍、宗教が異なり、育ってきた環境や教育もまったく異なります。日本の常識が世界では非常識であることも多々あります。前提条件が異なる人に指示を出すのですから、常識を期待した発言や忖度させるのはやめましょう。どの立場の人が見てもわかりやすく具体的な指示をすることが大切です。できれば言葉よりも、写真や映像を使用するのが良いでしょう。

「三方良し」の順番を考える

　近江商人の商売哲学のひとつである「三方良し」には順番があります。「売り手よし」「買い手よし」「世間よし」と、本来であれば売

り手が満足し、買い手が満足すると、結果として社会貢献ができるという順番です。しかしながら、小さな会社は「買い手とてもよし」「世間そこそこよし」「売り手我慢」の順番になってしまっていると感じます。小さな会社の経営者には、経営者と従業員を一番大切にした経営を目指してほしいものです。

　ウエディングドレスをオーダーメードで制作している経営者のB社長は、「お客様の一生に一度のウエディングだから、花嫁に寄り添ったウエディングドレスを作ってあげたい」と、こちらの頭が下がるような熱意を持って経営しています。初めてアトリエを訪問した時、ウエディングの幸せなイメージとは逆の殺伐とした雰囲気で、従業員がとても疲れた様子で作業をしていて元気がありませんでした。詳しく話を聞いてみると、日々制作作業が終わらず、疲れ果てているというのです。作業工程表を見せてもらうと、突発的な変更がたくさんあり、作業がストップし、戻ってまだやり作り直すことを頻繁に繰り返していました。このような状況が起きる原因を探ると、マリッジブルーで精神的に不安定になっている花嫁にB社長や製作スタッフが日々振り回されているようでした。夜遅くまで花嫁からの相談LINEの着信がアトリエ内に鳴り響いています。花嫁の気分がコロコロと変わるたびに、ドレスのデザイン変更を強いられます。花嫁は一生で一番の晴れ舞台に美しくありたいと結婚前に急激なダイエットを始めたり、妊娠が発覚したりと、体型が激しく変化します。そのたびにドレスのサイズ変更を強いられ、結婚式に間に合わせないといけないと、夜遅くまで残業を続けていたようでした。

　B社長に花嫁との契約条件はどうなっているのかと確認したとこ

ろ、条件を厳しくして他社に仕事を取られては困る、花嫁に限界まで寄り添いたいなどの考えから、価格と納期以外の詳細な取り決めがほとんど無い契約書を交わしていました。そこで私はB社長に「三方良し」を「売り手よし」「買い手よし」「世間よし」の順番に整えていきましょうと伝え、3つの宿題を出したのです。

　1つ目は、会社と従業員を守るために、お客様との契約書の見直しを行うこと。最終デザイン決定からのデザイン変更は有料とし、規定のフィッティング回数を2回と定め、それ以上のフィッティングは有料化しました。急激なダイエットや、妊娠を希望している方には後から調整可能なデザインを提案すること、相談対応は営業時間内のみにするなど、会社と従業員が花嫁の言いなりにならない内容を盛り込みました。

　2つ目は、商品全体を4割値上げし、ドレスを選ぶプランをシンプル、ベーシック、ラグジュアリー、価格を3段階の松竹梅プランを用意すること。3段階プランを示されると真ん中のプランを選んでしまう人間特性を生かして、ベーシック以上で利益をしっかりと確保できるようにしました。シンプルを極めて簡素にし素材のランクも落とし、物足りなさを全開にすることで、メニューとしては存在しているものの、一生に一度の大切な花嫁がほとんど選ばないものにします。安価なラインも用意することで、入り口の敷居を低くする効果もあります。ベーシックは当社の魅力が凝縮した多くの花嫁が満足してもらえるデザインと素材の良さが際立つラインです。ラグジュアリーは高価格帯ですが、総シルクの高級テキスタイル、繊細なハンドメイドレース、華やかなビーズや刺繍など、花嫁の理想にとことん応えるプランです。

3つ目は、HP、ブログ、SNSなどで当社の想いやこだわりを毎日配信すること。これまでの価格訴求から価値訴求を高めた発信をすることを宿題としました。

　数か月後、このアトリエを訪問すると、入店した瞬間に「こんにちはー！」と明るい挨拶を従業員の方がしてくださいました。最初に訪問したときには疲れた顔で作業に没頭していて、私の存在には気がついてもらえませんでした。B社長に改めて会社の状況をヒアリングすると、契約書を交わすようになってから、デザインの変更や追加フィッティングの希望はほぼ無くなったこと、値上げしたことで20代の金銭的余裕の無い花嫁が減り、35歳以上の金銭的に余裕がある花嫁が増えたこと、HP、ブログ、SNSで会社の想いやこだわりを読み込んで納得してから来店してくれるので、値下げ交渉が減ったことなどを教えてくれました。これまでは安価なオーダードレスを購入したい花嫁が来店して、中国や韓国からの激安輸入ドレスやレンタルドレスと比較して、高すぎる、安くできないかと、打ち合わせで粘られていたのです。また、プランを3つに絞り選びやすくしたことで、商談の時間が大幅に減り、従業員だけではなく花嫁からも好評だということでした。花嫁は結婚式に向けて、ドレスだけではなく、期日までに決めなければならないことも多く、貴重な土日を打ち合わせで長時間潰されてしまうことが負担になっていたようでした。同時に従業員の残業も大幅に減りました。ウエディング業界は、日中仕事をしている花嫁が多いため、週末に打ち合わせをしなくてはなりません。結果、従業員も土日出勤し、残業が恒常化していたのです。従業員が土日に早く帰宅できるようになったことで、体を休め、大切な家族と過ごす時間が増えて心と体

の充足に繋がっているようでした。また、4割値上げしたことで、これまで利益がほとんど出ていなかった経営から脱することができそうで、初めて決算賞与が出せるかもしれないと言っていたB社長の笑顔が印象的でした。

　昭和は、三波春夫氏の「お客様は神様です」がまかり通りましたが、令和は違います。会社とお客様は対等なパートナーです。お客様の言いなりになることなく、三方良しの順番を変えてみることで、経営者と従業員の苦しみから解放されるかもしれません。

雑な仕組みは、犯罪者も生み出す

　沢山の会社を支援していると、従業員がレジのお金や商品を着服したり、社内の情報を流出させたり、お客様が商品を盗難したりと、犯罪に出くわしてしまうことがあります。信頼していた従業員やお客様からの裏切りは、想像以上に経営者の心を痛めます。しかしながら、このような事態が起きてしまう状況には、ほぼ必ずと言っていいほど、仕組みにスキがあります。私はいつもクライアントに対し、生まなくても済む犯罪者を出さないために、可能な限りスキのない仕組を作りましょうと伝えています。

　雑貨店を経営するB社長は、トレンドを抑えた商品を企画販売し、SNS販促が当たったこともあり、売上が飛躍的に伸びていました。従業員は2名で、1名はベテラン従業員のCさん、もう一人は3カ月前に入社して仕事にやっと慣れてきたDさんです。ヒアリングを進めていると、創業以来一度も商品の詳細な棚卸をしたことが無

く、年1回行っているという棚卸は目視でザーッとみて確認するだけだと言います。私は、店舗でお客様の盗難や、倉庫で従業員が持ち逃げした時にすぐに気がつかず追跡できなくなる可能性があるので、棚卸は毎月しましょうと伝えましたが、忙しくて無理だと聞き入れませんでした。そんなある日、ベテラン従業員のCさんから、神妙な顔でB社長に相談があると打ち明けられました。地方に住む両親の介護が必要となり、退職したいというのです。B社長は、心配して、退職金にプラスして、お見舞金もポケットマネーから渡しました。後日、従業員のDさんから当社の商品が多数中古品市場で販売されていると報告を受けました。販売されている商品を見てみると、サンプル品で販売前にボツになり市場流通していない商品も含まれていました。急いでいくつかの在庫を倉庫で確認すると、帳簿と現品の数が合いません。B社長がCさんに電話を掛けると、「この電話番号は現在使われておりません」と連絡が取れませんでした。創業以来一度も棚卸をしてこなかったため、いつどれだけの商品が無くなったのか追跡することができません。弁護士に相談することも検討しましたが、業務も多忙を極めていたため、泣き寝入りすることになってしまいました。お見舞い金まで出したのに裏切られたとB社長は悔しさを滲ませました。

仕組み化は最低3年かかる

　先日、85歳の元気すぎる経営者のF社長とお話していた際に、息子さんへの事業承継をいつ始めるかという質問をしたところ、

「そのうち始めないと」とは思っていると言っていました。10年前にF社長に初めてお会いした時も「そのうち始めないと」と言っていました。85歳でもまだ仕事ができるという感覚があると、ほとんどの経営者に危機感が無いのは当然かもしれません。しかしながら、人間はいつ何時、何が起こるかわかりません。

　会社を経営していると、1年間でさまざまな業務があります。コンサルティングの現場においては、仕組み化は最低3年かかるとクライアントに伝えています。1年目はデイリー、マンスリー、イヤリーカレンダーへ、「会社の経営者レベル」「マネジメントレベル」「プレーヤーレベル」それぞれの業務をひたすらメモとして書き込んでいき、マニュアルを作成します。2年目は作成したマニュアルを元に教育を行います。3年目はマニュアル通りにできているか見守ります。4年目以降は、マニュアルのブラッシュアップを進め、従業員が別の従業員に教えられるか確認し、マニュアルが浸透しているか確認し続けます。

「当たり前のことを当たり前にやる」のが一番難しい

　私がコンサルタントとして駆け出しの頃、セミナーの講師を担当させていただいたことがありました。そのセミナーには多種多様な業種の方々が参加されていました。アンケートでは95%近くの受講者が大変満足または満足とご回答いただきました。セミナー後も名刺交換の列ができ、「やらなければならないとわかっていながら、できなかったことがたくさんあった」「やるべきことが明確になった」

「ワークショップでは他の方と意見交換ができてとても有意義だった」と、お褒めの言葉をいただきました。ただ、1名だけ「大変不満足」とご回答があり、少し気になりましたが、事前準備をしっかりと重ねたセミナーが大盛況で終わったので安堵していました。

ところが後日、知り合いから、私の顔写真入りの書き込みがネットに掲載されていると連絡がありました。そこには、写真撮影禁止のセミナーで、私の写真を隠し撮りし、「この講師は当たり前のことしか言わず、何の新しい情報も無いつまらないセミナーだった」とブログに投稿されていました。その当時は「デジタルタトゥー」という言葉がありませんでしたが、「当たり前のことしか言わないコンサルタント」として、死ぬまで消えない入れ墨を入れられてしまいました。駆け出しの私は非常にショックを受けました。私は当たり前のことしかクライアントに伝えていないのだろうかと考え続けながら10年以上が経過し、出た結論があります。それは、「当たり前のことを当たり前にできるようになることが、会社経営では大切である」ということです。

セミナーの後ほどなくして、食料品販売会社の支援がありました。経営者のAさんはトレンドに敏感で、新しい情報を常に欲しがります。いつも新しことにチャレンジしている革新的な経営者のようなイメージを同業者や近隣店舗から持たれていて、同業者の組合で何年も理事を務めています。私もAさんの要望に応えようと、経済情報に関するテレビ、新聞、雑誌やネット、街で拾った情報などをストックしていました。Aさんに提案した仕掛けが当たると、Aさんに非常に喜ばれて、次の提案を求められます。そしてまた新たな提案を重ねることを繰り返していました。しかし、1年近く経って

も、経営状況が良くなりません。私はAさんに時系列に提案してきたことを、その後どのように取り組んでいるのか質問したところ、新たに提案したことをやるだけで、以前提案した施策は何も続けていませんでした。売上が上がったときには、売上が上がる要因があり、それを再現し、さらにブラッシュアップしていくことで売上が安定的に伸び、経営の質が上がっていきます。土台がしっかりとしていなければ、強靭な建物は建ちません。私はAさんに「当たり前のことを当たり前にすること」の重要性を何度か伝えましたが、理解していただけず、結果が出ずに終了した苦い経験があります。私はこの経験を踏まえて、つまらないと思われてもいい、クライアントが当たり前のことを当たり前にできるようにするコンサルタントになりたいと思い、活動を続けています。

守破離を徹底する

　守破離とは茶道や武道などの日本の芸事を学び、成長し、師匠から離れて自らの流派を生み出していくための3段階プロセスのことです。この3つのプロセスは小さな会社の人材育成においても重要な考え方です。「守」は、会社や先輩が培ってきたことをしっかりと学んで守っていく段階、「破」は、既存のやり方に疑問を持ち、より良い方法が無いか模索しながら新たな方法を編み出していく段階、「離」は、新たな価値を生み出すために改革の一歩を踏み出していく段階です。

　金属加工工場を経営するA社に訪問したときの話です。売上が2

年前から急激に下がり、ベテラン従業員の退社が相次いでいると言います。社内でヒアリングを重ねてみると、2年前に入社したB社長の息子さんが入社されてから歯車が狂い始めているようでした。B社長に息子のCさんについて尋ねると、B社長は「息子を後継ぎにしたいと考えているが、なかなかうまくいかない」というお話がありました。息子のCさんは非常に優秀で、日本の大学卒業後、海外の大学で経営学修士MBAを獲得し、大手素材メーカーに就職しました。10年経験を積んだのち、B社長の体調不良をきっかけに大手メーカーを退社し、A社に入社しました。Cさんが入社してから、初めて財務諸表を見て、会社が危機的な状況にあると初めて知りました。Cさんは経営がうまくいっていない原因が何十年も変わらないアナログな経営方法にあると考え、大手メーカーでやっていたやり方を次々と導入しました。社内の従業員から反発がありましたが、聞く耳を持ちません。Cさんは現場に出ることなく、基本的にオフィスで仕事をしています。社内会議に同席してみると、B社長とCさんの親子喧嘩のような言い合いが始まってしまい、建設的な会議ができていません。Cさんに個別に話を聞いてみると、経営者も従業員も学歴が低く頭が悪いので新たな取り組みが理解できないし、やる能力も気力もないと決めつけている様子でした。私は、3年で7割もの会社が倒産するといわれる日本で、A社が長年生き残っているのには必ず理由があることを伝えました。小さな会社は挙げたらきりがないほど問題が山積しており、そのすべてを解決していくことは不可能です。会社の強みをさらに伸ばし、強みの足を引っ張っている弱みを一つずつ解決していきませんかと、と提案しました。私はCさんに「守破離」を説明し、まずは「守」の会社が培ってきた

強みをCさん自身が体得していくことを提案し、これまで関わってこなかった現場仕事に入ることを提案しました。数か月後から、現場仕事と並行して、会社の将来を見据えた事業計画づくりをCさんに参画しはじめてもらいました。現場のパート従業員の方から「Cさんが現場から離れてしまうと困る」という話を聞いたとき、Cさんが現場で認められてA社の一員になったんだなと感じました。A社の経営改善はまだ走り出したばかりですが、Cさんが、「破」「離」の段階を踏み、会社をV字復活に導いてくれることを陰ながら応援しています。

マニュアルは8割守れればいい

　マニュアルを作成すると、それをしっかり守らなければならないとガチガチになり柔軟性が無くなり、お客様に寄り添った対応ができなくなる従業員が出てきます。マニュアルは8割守り、残りの2割は企業理念と行動指針に沿ったうえでの従業員の自由な行動を促していくことが重要です。常識が存在しない昨今の世の中、従業員が考えて自由に取った行動の中で、経営者や他の従業員、お客様が考える常識とのギャップにより、問題やトラブルが発生することがあります。問題が起きた場合には、どのような事象が起きたのか、なぜ従業員はそのような行動をとったのか、お客様はどのような反応をしたのかなどを分析します。そのうえで、その事象がどの従業員でも起きそうな場合にはマニュアル化することが大切です。単発的な事象で、話し合いなどで解決する場合には、企業理念を

再度確認したうえで、従業員に改善を求めます。同じような問題が2回以上発生した場合には、発生リスクが高い事象なので、マニュアル化していくことが重要です。

マニュアルが実行されないのには理由がある

　惣菜店を多店舗展開しているA店に訪問したときのことです。A社長から、覆面調査をしてほしいと依頼を受け、店舗を訪問し、一般のお客様に紛れて状況を調査しました。さまざまな問題点をまとめて、A社長に報告しました。すると、「昔、コンサルタントの先生に指導を受けて、マニュアルが完備されている」「指摘した事項はマニュアル化されているはずだ」と言います。後日、それぞれの部署の従業員に実際にマニュアルを見せてもらいながらどのように活用しているか確認しました。毎日使っているというチェックシートを見せてもらうと、それぞれの項目のチェックボックスにチェックを記載することになっているところを、各項目にチェックを入れるのではなく、チェックボックスの一列にサーっと線を入れて全体をチェックしたことにしており、各項目をまったく見ていませんでした。各項目について詳しく従業員に確認すると、理解していない項目が多数ありました。また、それぞれにかかる所用時間を計算したところ、開店前と開店後30分間ではやり切れない量の項目が含まれていることもわかりました。A社長に報告すると、従業員に対して「なぜマニュアル通りにできないのか」と、叱責してしまうことが、これまで多々あったと反省していました。その後は、紙ベースのマニュアル

を見直すとともに、すべての従業員が直感的に理解できる写真や映像をベースにしたオンラインマニュアルの整備を進めています。

三方良し（自社・顧客・取引先）のビジネスモデルを「仕組み化」する

第4章

〜経営の苦悩から自由になろう〜

ワーク

マニュアル化のベースづくり
～業務のタイムフロー

仕事の属人化を防ぎ、誰にでもより多くの業務ができるように、経営者や従業員ごとに、日、週、月、年単位でどのような仕事をしているのが見えるようにしていきましょう。

Week
① 日と週

月曜日から日曜日まで、午前と午後に分けて、出勤時から退店時まで、時系列でどのような業務を行っているかを書き出しましょう。

Month
② 月

1月から12月までに行われる作業やイベントなどを書き出しましょう。決算、ボーナス、棚卸など具体的に書き出しましょう。

Year
③ 年

思い出せる範囲で結構ですので、過去の特筆すべき事項を書き出してみましょう。大きな設備投資などがあれば、機械の寿命なども予測できます。会社の○○周年記念なども記載されていれば、事前に準備ができます。

Week

ワーク

	月	火	水	木	金	土	日
AM							
PM							

Month

1月	2月	3月	4月	5月	6月

7月	8月	9月	10月	11月	12月

ワーク

Year

ワーク

2010	2011	2012	2013	2014	2015	2016	2017	2018	2019
2020	2021	2022	2023	2024	2025	2026	2027	2028	2029
2030	2031	2032	2033	2034	2035	2036	2037	2038	2039

ワーク

作業のマニュアル化

業務のタイムフローでまとめた個々の業務に対して、マニュアル作りを進めましょう。コンサルの現場にいると、マニュアルという言葉に悪いイメージを持っている方がいます。おそらく、「マニュアル通りの対応」「あいつはマニュアル通りにしか動けない」など、マイナスな表現にも使われているせいかもしれません。ここで作成するマニュアルは従業員をガチガチに押さえつける仕組みではなく、社内のルールづくりをするイメージです。サッカーなどのスポーツが世界中で行われる要因の一つとして、明確なルールがあるという点があります。ルールが無かったら、どちらが点を取ったのか、どちらがファウルをしたのかわかりません。その都度、喧嘩に発展してしまうことでしょう。

社内のいさこざの多くは、ルールが無いために発生しています。異なる価値観の人が、あなたの会社で気持ちよく動くにはルールが必要です。

ここでは、5W2H (whereどこで、whenいつ、whatなに、whyなぜ、whoだれが、How muchどのぐらい、How toどうやって) の視点でマニュアルをまとめてきましょう。

マニュアルは一度作ったら終わりというわけではなく、作成したマニュアルで業務をやってみて、不具合があれば書き直しましょう。年1回~2回はすべての事項を見直し、ブラッシュアップを図ることが必要です。また、最近ではアプリを活用して業務マニュアルを社内で共有する会社も増えています。

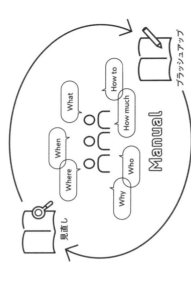

作業のマニュアル化

① 業務

業務の名称を記入しましょう。

② 目的

「これをやっておいて」と言われても、何のためにやるのか必要性が理解されない業務は、気持ちや身が入らず適当に行われる傾向にあります。会社にとってどのような理由があってこの業務が存在しているのか、しっかりと従業員に説明しましょう。目的を明確にすることで、何となく昔からやっているからという、本当は不要な業務も見つかることもあります。その場合には、本当に必要なのかを見極めて業務の見直しを図りましょう。

③ 場所

具体的に業務が行われる場所を記入しましょう。

④ 写真

「綺麗に片付けてください」と言われても、綺麗の概念やレベルは人それぞれ異なります。NGな状態の写真をBEFOREに、OKな状態の写真をAFTERに貼り付けましょう。

⑤ 日時

手が空いた時にやろうと決めても、手はなかなか空きません。具体的な日時を設定しましょう。多くのスーパーマーケットでは「クリーンタイム」になると音楽が鳴り、従業員が一斉にバックヤードから出てきて、清掃や状態の悪くなった商品は無いかなどチェック作業が5分程度行われます。最近はスマホのカレンダー機能についたアラート機能などを活用すれば、うっかり業務を忘れることも減ります。

⑥ 頻度

すべての作業をいつも完璧にしておこうというのは、理論上でしかなかなかうまくいきません。優先順位づけをしたうえで、当該業務を行う最適な頻度を決めましょう。

⑦ 担当者

経営者も従業員も誰かがさっとやるだろうと他人に期待し、それが行われないと不平不満につながることがよくあります。労働資源にも限りがありますので、従業員ごとの仕事のキャパティを見極めたうえで、最適な担当者を決めましょう。その際には事前にその担当者と相談した上で記載しましょう。勝手に記載するとトラブルになることがありますので気を付けましょう。

⑧ 方法

具体的にどのような手順を追って業務を行うのか具体的に記載しましょう。

5W2Hマニュアル

記入例

ワーク

① 業務	個人のデスクの整理整頓	
② 目的	●朝イチですぐに業務に取り掛かることができる ●探し物をする無駄な時間を省く ●ホコリを溜めず、衛生的に保つ	
③ 場所	個人のデスク	
④ 写真	Before	After
⑤ 日時	終業ベルの鳴る5分前から5分間	⑧ 方法
⑥ 頻度	毎日	●共有物は元にあった場所に戻す ●書類をカテゴリーごとにバインダーに収納する ●不要な書類はシュレッダーにかける ●次の日に手掛ける仕事の順番に書類を並べる ●除菌シートで机の上を拭く
⑦ 担当者	全従業員	

5W2H マニュアル

ワーク

① 業　務	
② 目　的	
③ 場　所	
④ 写　真	Before　　　　　　　　　　　　After
⑤ 日　時	
⑥ 頻　度	
⑦ 担当者	
⑧ 方　法	

おわりに

「先回り」「思いやり」「至れり尽くせり」で、ビジネスを切り開く

最後までこの本をお読みいただき、本当にありがとうございます。

ブランディングでやるべきことをクライアントに伝えると、「やることが多すぎてやりきれない」「慣れないことで頭を使い疲れてしまう」「本当にここまでやらなきゃいけないの」と溜息交じりに言われます。しかし、会社が「先回り」「思いやり」「至れり尽くせり」でお客様を楽にさせることで、あなたの会社の商品サービスがお客様の生活の一部となり、無くてはならない存在となれば、表ではお客様が上位に立っているように見えても、裏ではあなたの会社が手綱を引いてお客様をコントロールできるようになります。人間は楽や便利を一度覚えてしまうと、なかなか元の生活に戻ることはできません。そこまで到達できれば、あなた主導のビジネスモデルが構築できるようになります。

この本に書かれたことのうち、ただ1つでもあなたの心に響き、意識が変わり、行動が変わり、結果が出て、昨日より今日、今日より明日が幸せになることを願っています。

「"らしさ"ブランディング」を通じて、あなたの経営、あなたの人生が自由になりますように。

謝　辞

　とあるセミナーの講師を終え、参加者の方々と名刺交換をしていたとき、「吉田さんは本を出版しないんですか。経験、コンテンツ、お話も面白くて吉田さんが本を出版したらすごく面白いと思うんですけど」と、出版をプロデュースしている株式会社Jディスカヴァーの城村典子さんからお声がけをいただきました。私はお声がけいただいたことに驚きつつ「いつかは出版したいと思っているんです」と想いを伝えました。ただ、その時の私は離婚してシングルマザーとなったばかりで、子供2人をこれからどうやって一人で育てていくか途方に暮れ、自信を完全に失っていた時期でした。「病気やケガもせずに子供を大学まで卒業させられるだろうか」と、日夜不安に苛まれていました。まさにこの本で提唱している「現実の私」と『本来なりたい「私らしい姿」』との乖離に苦しんでいました。

　それから月日が経ち、生活の基盤をやっとの思いで立て直し、子供もスクスクと成長していく中で、「私は立ち止まっていないだろうか」「私は成長しているだろうか」「子供に尊敬してもらえる親になっているのだろうか」と、不安に駆られるようになりました。「うちの母ちゃんマジやべぇ」「母ちゃんがここまでやってるなら自分たちも頑張らなくては！」と子供たちに思ってもらえるような、「挑戦し続ける親になりたい」と思うようになり、城村さんに「やっぱり出版に挑戦したいです」と連絡させていただきました。重い腰を上げて、初めての商業出版に向けた企画書づくりに着手しました。約1年掛けて、まさに私自身の「"らしさ"ブランディング」を行い、この

本のテーマにたどり着くことができました。

　毎月、出版社に大量に届く企画書の中から、株式会社同友館の編集者である武苅夏美さんに私の企画書を拾っていただくことができました。12年も前に私が寄稿した、たった3ページのビジネス雑誌の記事を覚えてくださっていて、「この著者なら本が書ける」とピンときたと言ってくださり、偶然の出会いに驚きました。12年前は、たった3ページ書くのも苦行で、「なんでこの仕事を受けてしまったんだろう」と後悔しながらなんとか執筆したもので、12年後に効力を発揮するとはその当時は思いもしませんでした。がんばった仕事に無駄は無いと実感したできごとでした。「吉田さんの初めての書籍の、最初の読者になれることが楽しみです」と武苅さんから言われたとき、「武苅さんのために頑張りたい！」と、魂に火が付きました。何度も筆が止まってしまい不安になったとき、武苅さんからの励ましの言葉や、適切なアドバイスのおかげで、なんとか出版まで漕ぎつけることができました。初めての出版で右も左もわからず、内容やデザインの大幅な変更などお願いしてしまいましたが、可能な限り私のワガママに応じてくださいました。私の初めての書籍の初めての編集者は、「武苅さん、本当にあなたで良かった！」。

　私の想いをカタチにしてくださった、武苅夏美さん、株式会社同友館の方々、本文デザインを担当してくださった高田嘉幸様、装丁デザインをしてくださったライラック菊池祐様、出版に関わっていただいたすべての方々、書籍出版のきっかけを与えてくれた株式会社Jディスカヴァーの城村典子さん、企画書のブラッシュアップをしてくださった株式会社Jディスカヴァーの津田迪加さん、出版の後方支援体制を構築してくれたSo-C合同会社の星野良一さん、私にた

くさんの経験の機会を与えてくださったクライアントの方々、中小企業支援の支援機関の方々、教育機関の方々、コンサルティング仲間の方々、ダイナミックなブランドの成長を共に体感させてくれた親友のChristian Wijnants、そして日々私をサポートしてくれる家族へ、心から感謝を申し上げます。

吉田　由佳

〈注〉
　この本に記載されている事例はクライアントの秘密保持のため、業種や人物など実際の設定を変更して記載しています。

【参考文献 および おすすめ書籍】

アル・ライズ ─────『ブランディング 22 の法則』1999 年（東急エージェンシー）

アル・ライズ ─────『マーケティング 22 の法則：
売れるもマーケ 当たるもマーケ』1994 年（東急エージェンシー）

野中 郁次郎 ─────『知識創造企業』1996 年（東洋経済新報社）

戸部 良一 ──────『失敗の本質：日本軍の組織論的研究』1991 年（中央公論新社）

山田 ズーニー ────『考えるシート』2008 年（講談社）

塚越 寛 ──────『リストラなしの「年輪経営」：
いい会社は「遠きをはかり」ゆっくり成長』2014 年（光文社）

村松 達夫 ─────『高くても飛ぶように売れる客単価アップの法則─
「安くなければ売れない」は間違いです』2007 年（ダイヤモンド社）

高田 靖久 ─────『お客様は「えこひいき」しなさい！』2008 年（中経出版）

松井 忠三 ─────『無印良品は、仕組みが 9 割
仕事はシンプルにやりなさい』2013 年（角川書店）

ジェフリー・ムーア ──『キャズム：ハイテクをブレイクさせる
超マーケティング理論』2002 年（翔泳社）

吉田 勧司 ─────『はじめてでもスラスラわかる 3 色ペンで読む決算書』
2014 年（幻冬舎）

ユヴァル・ノア・ハラリ ─『ホモ・デウス 上：テクノロジーとサピエンスの未来』
2022 年（河出書房新社）

ユヴァル・ノア・ハラリ ─『ホモ・デウス 下：テクノロジーとサピエンスの未来』
2022 年（河出書房新社）

ジェームス・W. ヤング ─『アイデアのつくり方』1988 年（CCC メディアハウス）

中野 信子 ─────『努力不要論─脳科学が解く！「がんばってるのに報われない」と
思ったら読む本』2014 年（フォレスト出版）

ジェームズ・アレン ──『「原因」と「結果」の法則』2003 年（サンマーク出版）

【読者特典】

この本に掲載されているワークシートの Excel 版を無料でダウンロードできます。

ダウンロード URL　https://yukayoshida.com/download

ダウンロードパスワード　rashisa

※2024年12月末現在の情報です。システムや運営などの都合により、予告なくサービスを終了する場合があります。
※ダウンロード資料の再配布、再販を禁じます。

吉田 由佳 (よしだ ゆか)

ブランドビジネスコンサルタント
中小企業診断士
東洋大学大学院　非常勤講師

日・米・欧の高級ファッションブランド(DRIES VAN NOTEN、HELMUT LANG)で企画・MD・営業・生産管理などを経験。独立後は、ブランドビジネスコンサルタントとして、国内外の企業や大学などに向けてコンサルティングやセミナーを実施するなど、企業・組織・人を育てる活動をしている。企業支援実績は、製造業、卸売業、小売業、サービス業と幅広く500社を超える。ビジネスをブランド化、エンターテイメント化することで、罪悪感なく値上げをして、利益を得る実践的なブランドビジネスは、広く共感を得て、実績に繋がったとの喜びの声が多数寄せられている。

◎筆者URL https://yukayoshida.com/

2025年2月3日　初版第一刷発行

「4割値上げ」で始まる
小さな会社の"らしさ"ブランディング

編著者　吉田　由佳
発行者　脇坂　康弘

発行所　株式会社 同友館

〒113-0033 東京都文京区本郷2-29-1
TEL 03(3813)3966　FAX 03(3818)2774
https://www.doyukan.co.jp/

◎装丁／株式会社ライラック 菊池 祐
◎本文デザイン／trans-act 高田嘉幸／TSY 林 猛夫
◎印刷／一誠堂株式会社　◎製本／松村製本所

©2025 Yuka Yoshida　Printed in Japan　ISBN 978-4-496-05745-8
乱丁・落丁はお取り替えいたします

本書の内容を無断で複製(コピー)、引用することは特定の場合を除き、著作者・出版者の権利侵害となります。